Maria Montessori

Wie Lernen Freude macht

HERDER / SPEKTRUM

Band 4707

Das Buch

Maria Montessori hat wie kaum jemand anderer beobachtet, daß Kinder mit allen Sinnen lernen, durch Fühlen, Riechen, Schmecken, Tasten, in der Bewegung und in Konzentration und Stille. Daher hat sie besondere Materialien entwickelt, die es Kindern ermöglichen, eigenständig zu lernen. Sie entdecken das Neue selbst – es wird ihnen nicht vorserviert. Damit bleiben Kinder interessiert und neugierig. Viele Materialien, mit denen gearbeitet wird, kann man ganz einfach zu Hause einsetzen – sie lassen sich mit einfachen Mitteln herstellen: seien es Tastsäcke, mit denen die Sinne geschult werden, oder Buchstaben. Ingeborg Becker-Textor zeigt mit vielen praktischen Tips, wie man die Materialien in den Alltag mit Kindern integrieren kann. So werden die Ideen Montessoris praktisch umsetzbar im Familienalltag wie auch in Kindertageseinrichtungen. Ein Buch für alle, die Kindern die Lust am Lernen erhalten wollen.

Die Autorin

Maria Montessori, 1870–1952, italienische Pädagogin und Ärztin. Begründerin der als Montessori-Pädagogik bezeichneten Selbsterziehung des Kindes in freigewählter Tätigkeit mit besonderen Arbeits- und Lernmitteln. Bei Herder/Spektrum: Kinder lernen schöpferisch. Die Grundgedanken für den Erziehungsalltag mit Kleinkindern (Band 4262); Lernen ohne Druck. Schöpferisches Lernen in Familie und Schule (Band 4371); Wie Kinder zu Konzentration und Stille finden (Band 4597). Alle Bände sind herausgegeben von Ingeborg Becker-Textor.

Die Herausgeberin

Ingeborg Becker-Textor, geb. 1946, Kindergärtnerin mit Montessori-Diplom, Diplom-Sozialpädagogin und Diplom-Pädagogin. Leiterin des Referats „Kindergärten, Horte, Netz für Kinder, Sozialpädagogik in der Jugendhilfe" im Bayerischen Staatsministerium für Arbeit und Sozialordnung, Familie, Frauen und Gesundheit. Zahlreiche Publikationen zur Kindergartenpädagogik und für Eltern. Bei Herder/Spektrum: Was in Kindern alles steckt. Kinder richtig fördern – Anleitungen nach Maria Montessori (Band 4561).

Maria Montessori

Wie Lernen Freude macht

Kreativ mit Montessori-Materialien umgehen

Herausgegeben von
Ingeborg Becker-Textor

Herder
Freiburg · Basel · Wien

ANNINA 12.03.99

Für Natalie

Gedruckt auf umweltfreundlichem,
chlorfrei gebleichtem Papier

Originalausgabe

Alle Rechte vorbehalten – Printed in Germany
© Verlag Herder Freiburg im Breisgau 1999
Satz: DTP-Studio Helmut Quilitz, Denzlingen
Herstellung: Freiburger Graphische Betriebe 1999
Umschlaggestaltung: Joseph Pölzelbauer
Umschlagfoto: © Hartmut W. Schmidt-Fotografie
Fotos im Text: Ingeborg Becker-Textor
ISBN 3-451-04707-1

Inhalt

Vorwort

Eltern und Pädagogen sind sich einig darüber, daß Lernen den Kindern Freude machen soll. Motivation, die aus dem Kind selbst kommt, wäre im Sinne einer soziologischen Betrachtungsweise der Weg, wie Kindern das Lernen Freude machen kann.

In der Soziologie wird diese innere, intrinsische Motivation als die Motivation bezeichnet, „die durch die von einer Tätigkeit oder Aufgabe ausgehenden Anreize (‚intrinsische Belohnungen') geschaffen wird" (Lexikon zur Soziologie, 1978, S. 519).

Das geschieht, wenn ein Kind sich für etwas um der Sache selbst willen und aus eigener Motivation heraus interessiert, aus Freude am Lernen und nicht mit dem Ziel, einen bestimmten Zweck zu erreichen oder diesem zu entsprechen.

Grundsätzlich kann davon ausgegangen werden, daß durch diese Art der Motivation bessere Lernergebnisse erreicht werden können. Ob sich Maria Montessori Gedanken hierüber gemacht hat, als sie ihre Materialien entwickelt hat? Sie betont immer wieder die Bedeutung der vorbereiteten Umgebung, die Eigenaktivität des Kindes und seine Fähigkeit, sich aus sich selbst heraus zum Baumeister seines Menschseins zu entwickeln.

Montessori schafft mit ihren Materialien die Voraussetzung für das eigenmotivierte Lernen des Kindes. Es gelingt ihr, die Führung durch den Erwachsenen durch die Motivation, die von den Materialien ausgeht, zurückzudrängen. Das Kind steuert und entscheidet selbst, wann und ob es

Hilfe des Erwachsenen in Anspruch nehmen will und bittet ihn dann: „Hilf mir, es selbst zu tun."

Eines der Werke Montessoris trägt den Titel „Kinder sind anders". Kinder sind anders als wir Erwachsenen es oft wahrhaben wollen. In ihnen steckt viel Energie, Kraft und Willen, sich im Leben zu behaupten. Wir müssen Kinder lassen, ihnen die Chance geben, zu handeln, ohne sofort einzugreifen. Deshalb fordern uns alle Kinder auch immer wieder indirekt auf, ihnen Entscheidungen und Handlungen nicht abzunehmen, sondern vielmehr ihnen nur die Unterstützung zuteil werden zu lassen, die sie brauchen und wollen, um die Dinge selbst bewältigen zu können. Hier ist der Weg für den Erwachsenen viel schwieriger als für unsere Kinder. Und nicht umsonst fordert Montessori den „neuen Lehrer" (eigentlich den neuen Erwachsenen).

In der Montessori-Literatur tauchen immer wieder Überbegriffe auf wie:

– Material für lebenspraktische Übungen
– Sinnesmaterial
– Mathematikmaterial usw.

Die einzelnen Materialien, die sich hinter diesen Überbegriffen verbergen, sind den meisten Eltern, aber auch Erziehern, nicht bekannt. Sie unterscheiden sich ganz wesentlich vom herkömmlichen Spielzeug, mit dem sich Kinder in der Familie oder in der Kindertageseinrichtung beschäftigen.

Deshalb sollen in diesem Buch ausgewählte Materialien vorgestellt, ihre Wirkung auf die Kinder verdeutlicht und die Arbeitsweise damit aufgezeigt werden. Es wird der Lernmotivation der Kinder ebenso nachgegangen wie dem „Nutzen" aus dem Umgang mit Montessori-Material. Auch gilt es zu zeigen, welche Bedeutung das Lernen mit diesen Materialien für die Entwicklung und den Lebensalltag des Kindes hat.

Die von den Kindern gemachten Lernerfahrungen lassen sich durch praktische Anwendung in Alltagssituationen in Familie und Kindertageseinrichtung vertiefen.

Kritiker, die das Montessori-Material oft als „weltfremd" oder „künstlich" bezeichnen, können sich so z. B. von der Bedeutung und Nutzbarmachung des Umgangs mit Sinnesmaterial überzeugen lassen.

Das vorliegende Buch reiht sich ein in die Reihe der Veröffentlichungen über Montessori-Pädagogik bei Herder/Spektrum. In den vorausgegangenen Bänden wurde auf ausgewählte Fragen der Montessori-Pädagogik und ihres Menschenbildes eingegangen. So wird in den folgenden Ausführungen auf eine vertiefte Befassung mit den pädagogischen Überlegungen Montessoris verzichtet. Es werden nur einige der wichtigsten Grundbegriffe kurz erläutert. Daran anschließend werden Materialien vorgestellt, die für Kinder bis etwa zum Einschulungsalter geeignet sind.

Wer zum ersten Mal etwas über Maria Montessori liest, muß darauf aufmerksam gemacht werden, daß der alleinige Einsatz des Montessori-Materials, ohne Berücksichtigung ihrer pädagogischen Absichten und Zugrundelegung ihrer Sichtweise vom Kind, nicht zum Erfolg führen kann. So sollten Äußerungen wie „Wir arbeiten ein bißchen nach Montessori" oder „Wir verwenden u. a. auch Montessori-Material" als Aussage von Erzieherinnen in Kindertageseinrichtungen kritisch hinterfragt werden. Montessori-Pädagogik läßt sich nur verwirklichen, wenn Montessoris absolutes Grundprinzip, nämlich die Forderung des Kindes „Hilf mir, es selbst zu tun" Berücksichtigung findet.

Es ist daher sehr zu empfehlen, vor diesem Buch die Bände „Kinder lernen schöpferisch" oder „Lernen ohne Druck" zu lesen.

1. Die schöpferischen Kräfte des Kindes wecken: Grundprinzipien der Montessori-Pädagogik

Montessoris Erziehungskonzept gründet sich auf ihrer Grundhaltung dem Kind gegenüber. Sie glaubt an seine verborgenen schöpferischen Kräfte und sieht ihre Hauptaufgabe darin, diese zu wecken, zu entdecken, zu aktivieren und zu motivieren. Dies führt dann ihrer Auffassung nach zur Harmonisierung und Normalisierung des Menschen. So vergleicht sie ihre Arbeit im erzieherischen Bereich mit der Arbeit des Arztes, ihre Erziehungsmethoden mit der Hygiene. Die Normalität des Menschen setzt sie gleich mit seiner absoluten Gesundheit, physisch wie psychisch.

Montessori hat immer wieder betont: „Ich bin nur ein Instrument, Euch auf das Kind hinzuweisen; seht nicht auf meinen Finger, seht auf das Kind" (Gunnigmann, Montessori-Pädagogik in Deutschland, 1979, S. 24).

Damit Harmonisierung und Normalisierung möglich wird, muß der Erwachsene seine Wahrnehmung schärfen und das Kind in seiner Unbefangenheit beobachten, um dann adäquat agieren zu können.

So sind wichtige Kernpunkte der Montessori-Pädagogik:

– *Die Schulung der Wahrnehmungsfunktion*
Montessori wählte bestimmtes Arbeitsmaterial aus im Hinblick auf die Fähigkeit des Kindes, die Welt sinnlich und später auch begrifflich zu erfassen. Das Kind hat durch den Umgang mit dem Material die Gelegenheit, seine Beobachtungsgabe, sein Zuordnungs- und Unterschei-

dungsvermögen zu üben. Es gelangt so vom konkreten Schauen zum abstrakten Denken.

– Planvolle Vorbereitung durch die Erzieherin, Übung, Präzision und Vervollkommnung durch die Aktivität des Kindes
Das Kind übt den Umgang mit dem Material und erreicht schrittweise durch zunehmende Präzision die Vervollkommnung seines sinnlichen Erfahrungsraumes. Montessori sieht diesen Prozeß als Voraussetzung für die Entwicklung zwischenmenschlicher und persönlicher Fähigkeiten an.

– Die Unterstützung des Selbstwerdungsprozesses und der Individualität
Montessori fordert die vorbereitete Umgebung, in der das Material bereitgestellt wird. Das Kind wählt aus, macht Erfahrungen und gelangt zu Selbsterziehung und Selbstdisziplin. Montessori geht dabei von der Überzeugung aus, daß ein „normalisiertes" Kind genügend Eigenmotivation besitzt, um aus sich selbst heraus aktiv zu werden. Das Material, in Verbindung mit dem Arbeitstempo, ist der Individualität und dem Entwicklungsstand des Kindes angemessen.

– Bewegung, Aktivität und Arbeit
Die aktive Erziehung hält Montessori für sehr wichtig. Sie subsumiert unter diesem Begriff Übungen im Bereich des sinnlich Wahrnehmbaren und Übungen des praktischen Lebens, in denen man „tun durch Tun" lernt. Im Ausgleich zu geistiger Arbeit lernt das Kind dabei Arbeitshaltungen und -ordnungen kennen.

– Freiheit und Spontaneität

Das normalisierte Kind entscheidet sich spontan für ein bestimmtes Arbeitsmaterial und drückt seine spontane Individualität innerhalb einer „expansiven Erziehung" dadurch aus, daß es sich in interessante, selbstgewählte Aufgaben vertieft. Montessori will durch eine auf Freiheit gegründete Erziehungsmethode darauf abstellen, dem Kind zu helfen, eben diese Freiheit zu erobern! Das Kind kann sich erst wirklich entwickeln, wenn es vom Erwachsenen, der alles für das Kind tut, befreit ist. „Wer bedient wird, statt daß man ihm hilft, nimmt in gewissem Sinne an seiner Unabhängigkeit Schaden" (Maria Montessori, Die Entdeckung des Kindes, 1969, S. 65).

– Die vorbereitete Umgebung

Montessori geht davon aus, daß das Kind die Fähigkeit besitzt, aus der Umgebung genau das zu wählen, was notwendig ist für seine Entwicklung. „... man darf nicht den Versuch machen, das Kind zu beeinflussen, um es zu unterrichten, sondern man muß ihm die Umgebung bereitstellen, in der es sich frei entfalten wird" (Montessori, Texte und Diskussionen, Herausgegeben von Winfried Böhm, 1971, S. 52).

– Sensitive Perioden

Im Alter von 0 bis 6 Jahren zeigt das Kind eine außergewöhnliche Sensibilität für bestimmte Lernprozesse. Die Abschnitte dieser Altersstufe bezeichnet Montessori als „sensitive Perioden", die Gesamtentwicklung der 0 bis 6jährigen als „formative Perioden". Umweltreize werden wahrgenommen, absorbiert und miteinander in Beziehung gesetzt.

– Rhythmus, Gleichgewicht, Ordnung
Montessori bezeichnet den Menschen als rhythmisches Geschöpf, der zu seiner positiven Entfaltung Freiheit innerhalb bestimmter Grenzen braucht. Nur dann gelangt der Mensch zur Selbstbeherrschung und ist in der Lage, soziale Beziehungen aufzubauen.

– Entdeckungen und Entwicklungen
Ziel von Montessoris Pädagogik ist es, daß aus Kindern Menschen werden, die ihr Leben meistern können. Sie glaubt dies durch Beobachtung des normalisierten Kindes zu erreichen und fordert deshalb eine „Pädagogik vom Kinde aus".

– Das Kind als Baumeister des Menschen
Montessori geht davon aus, daß das Kind einen Bauplan der Seele in sich trägt und sich im Grunde selbst zum Menschen emporarbeitet. Damit dies gelingen kann, müsse die Umwelt dem Kind eigentlich nur Material liefern, seine Entwicklungsbedürfnisse erspüren und beachten.

– Die neue „Lehrerin"
Die wichtigste Aufgabe für die Lehrerin (bzw. alle Erwachsenen) sieht Montessori in der Beobachtung. Sie beobachtet und verfolgt die Lernprozesse des Kindes und tritt mit dem Kind in Kommunikation, wenn sie dazu aufgefordert wird (z. B. durch „Hilf mir, es selbst zu tun").

„Der erste Schritt für eine Montessori-Lehrerin ist die Selbstvorbereitung. Sie muß ihr Vorstellungsvermögen wachhalten, denn in den traditionellen Schulen kennt der Lehrer das unmittelbare Verhalten seiner Schüler und weiß, daß er auf sie aufpassen und was er tun muß, um sie zu unterrichten, während die Montessori-Lehrerin ein Kind vor sich hat, das sozusagen noch nicht existiert. Das ist der prinzipielle Unterschied. Die Lehrerinnen, die in unsere Schule kommen, müssen eine Art Glauben haben, daß sich das Kind offenbaren wird durch die Arbeit" (Montessori, Kinder lernen schöpferisch, 1994, S. 58).

– Wissen, lieben, dienen
Diese Grundsätze bestätigen sich im praktizierten pädagogischen Konzept Montessoris. Sie sind notwendig, um dem Kind in vorbereiteter Umgebung dazu zu verhelfen, die eigenen Kräfte normal und harmonisch zu entwickeln.

– Der absorbierende Geist
Die Zeit von der Geburt bis etwa zum dritten Lebensjahr bezeichnet Montessori als die „unbewußte Zeit des Aufsaugens", des Absorbierens. Allein durch seine Existenz nimmt das Kind Dinge auf und macht sich diese zu eigen. Primäre Aufgabe ist es deshalb, die dem Kind eigenen Antriebskräfte zu schützen und darüber hinaus der Lern- und Entwicklungsmotivation des Kindes die erforderliche und entsprechende „Nahrung" in seiner Umgebung bereitzustellen.

– Konzentration

Konzentration ist bei Montessori nicht das Ergebnis von Erziehung, sondern sie ist Ziel des Lebens. Alle Abweichungen und Konzentrationsmängel sind ihrer Meinung nach Resultate von sogenannten „Repressionen", also Unterdrückungen von Energien.

(Die vorgestellten Grundbegriffe oder wiederkehrenden Begriffe in den Texten Maria Montessoris erheben keinen Anspruch auf Vollständigkeit. Es sei noch darauf hingewiesen, daß Maria Montessori unter dem Begriff des Lehrers auch die Erzieherin in der Kindertageseinrichtung oder den Erwachsenen schlechthin versteht. Ebenso wendet sie den Begriff der Schule auch für die Kindertageseinrichtung an.)

15

2. Die Ursprünge der Montessori-Methode und der Montessori-Materialien

Maria Montessori führt dazu selbst aus:

„Früher war es das ausschließliche Ziel der Erziehung, auf das all ihre Anstrengungen gerichtet waren, das Kind für das soziale Leben, das es einmal zu führen hätte, vorzubereiten. Deshalb war man vor allem darauf bedacht, daß es die Erwachsenen nachahme, man zwang es, die schöpferischen Kräfte seines Geistes unter dem Nachahmungstrieb zu ersticken, man lehrte es vorzugsweise, was es zu wissen für unentbehrlich gehalten wurde, um in der zivilisierten Welt zu leben. Diese völlige Angleichung an eine Form des sozialen Lebens, das nicht das natürliche Leben der Kinder ist und welches erst dann das ihre ist, wenn sie erwachsen sind, führte dazu, daß das Kind in der alten Schule und in der alten Form der Familienerziehung nicht nach seinem wahren Wesen eingeschätzt wurde. Das Kind war nur eine ‚Zukunft‘, es stellte nur ein ‚Werden‘ dar, deshalb zählte es nicht, bis es ein Erwachsener geworden war.

Und doch ist das Kind – wie alle menschlichen Wesen – eine freie Persönlichkeit. Es trägt in sich die Schönheit und die Würde des schöpferischen Geistes, die durch nichts verwischt werden können, und seine reine und empfängliche Seele bedarf unserer zartesten Fürsorge. Wir dürfen uns nicht nur mit seinem wunderbaren kleinen Leib beschäftigen, und wir dürfen nicht nur daran denken, ihn mit aller Sorgfalt zu nähren, zu waschen und zu kleiden. Der Mensch lebt auch in seiner Kindheit nicht vom Brot allein, und die materiellen Dinge sind zweitrangig und können

den Menschen in jedem Lebensalter verderben. Beim Kind begünstigen Sklaverei und Nichtigkeit wie bei allen Menschen die niederen und gemeinen Gefühle.

Die soziale Umgebung, die wir für uns geschaffen haben, paßt nicht für das Kind, es versteht sie nicht; also steht es ihr gezwungenermaßen fern, und da es sich in unserer Gesellschaft, von der es ausgeschlossen ist, nicht anpassen kann, wird es der Schule anvertraut, die dann oft zu einem Gefängnis wird. Wir sind uns heute bereits klar über die verhängnisvolle Wirkung der Schule, in der man mit den alten Methoden unterrichtet. Die Kinder leiden darunter nicht körperlich, sondern auch moralisch. Das Problem der Erziehung des Charakters ist von der Schule bisher vernachlässigt worden.

Übrigens herrscht auch innerhalb der Familie der gleiche Grundirrtum: Man denkt ausschließlich an die Zukunft des Kindes, seine künftige Existenz – und man achtet fast niemals auf die Gegenwart, d.h. auf die Dinge, deren es bedarf, um in seiner Altersstufe zu leben [...]

Unter allen Bedürfnissen des Kindes vernachlässigt man das menschlichste: die Ansprüche seines Geistes, seiner Seele. Der Mensch im Kinde bleibt uns verborgen. Wir sehen nur alle Anstrengungen und alle Energie, deren es bedarf, um sich vor uns – den Erwachsenen – zu schützen: Schreien, Weinen, Launenhaftigkeit, Schüchternheit, Ungehorsam, Lüge, Selbstzucht, Zerstörungswut. Außerdem begehen wir damit aber den noch größeren Irrtum, Verteidigungsmittel als die Wesenszüge des kindlichen Charakters anzusehen. Wir halten es dann für unsere ernste Pflicht, sie mit äußerster Strenge auszumerzen, mit einer Härte, die sich manchmal zu Züchtigungen hinreißen läßt [...] Wir wissen wohl alle, daß das Alter des Aufbaues das Wichtigste im ganzen Leben ist: Eine moralische Unterernährung, eine Vergiftung des Geistes in dieser Zeit sind daher ebenso verhängnisvoll für den künftigen Menschen wie eine Unterernährung des Embryos für die künftige Gesundheit des Körpers. So ist die Erziehung der Kleinen das wichtigste Problem der Menschheit [...]

Wenn wir die Mühe, die wir auf das Kind verwenden, um ihm eine Welt, eine geeignete Umgebung zu schaffen, als unbedingte und dringende Notwendigkeit betrachten, dann vollenden wir ein großes Werk zum Nutzen der Menschheit.

Das Kind kann in der komplizierten Welt des Erwachsenen kein ihm gemäßes Leben führen.

Mit seiner ständigen Beaufsichtigung, seinen unausgesetzten Ermahnungen und seinen willkürlichen Befehlen stört und hindert der Erwachsene die Entwicklung des Kindes. Alle aufkeimenden guten Kräfte werden erstickt, nur eines bleibt dem Kind: der heftige Wunsch, sich möglichst von allen und von allem zu befreien. Geben wir also die Rolle des Kerkermeisters auf und bemühen wir uns statt dessen, ihm eine Umgebung zu schaffen, in der man so weit es irgend möglich ist, darauf verzichtet, es mit Überwachung und Belehrung zu ermüden. Je vollkommener die Umgebung dem Kinde entspricht, desto mehr kann die Tätigkeit des Belehrenden zurücktreten. Jedoch darf man einen wichtigen Grundsatz nicht vergessen:

Die Freiheit des Kindes kann nicht darin bestehen, daß wir es ‚sich selbst überlassen‘ oder es gar vernachlässigen. Nicht durch gleichgültige Untätigkeit helfen wir der kindlichen Seele bei allen Schwierigkeiten ihrer Entwicklung, sondern wir müssen ihr mit Umsicht und liebevoller Sorge beistehen.

Wenn wir die Umgebung des Kindes sorgfältig vorbereiten, so ist dies schon eine große Aufgabe, da es sich darum handelt, eine neue Welt zu schaffen: die Welt der Kinder.

Kaum sind die kleinen Gegenstände, die die Kinder wirklich gebrauchen können, vorbereitet, so ordnet sich ihre Tätigkeit in verblüffender Weise. Ihre Willenskraft leitet ihre Bewegungen, sie können ohne Gefahr auf sich selbst gestellt sein, da sie wissen, was sie wollen. Im Kinde lebt ein Bedürfnis, sich zu betätigen, das vielleicht größer ist als dasjenige, sich nähren, aber wir erkennen es nicht, weil bis jetzt das geeignete Betätigungsfeld gefehlt hat. Geben wir ihm dieses, so wird aus einem kleinen, unbefriedigten Quälgeist ein fröhlicher Arbeiter. Der sprichwörtliche Zerstörer wird zum sorgsamen Hüter der ihn umgebenden Dinge. Das lärmende, ungeordnete Kind verwandelt sich in ein ruhiges, sehr geordnetes. Fehlen dem Kinde die geeigneten äußeren Mittel, so kann es von den großen Energien, die die Natur ihm verliehen hat, keinen Gebrauch machen. Und doch hat es den instinktiven Drang nach einer Tätigkeit, die alle seine Kräfte in Anspruch nimmt – denn nur so kann es seine Fähigkeiten vervollkommnen. Alles hängt davon ab.

Heute weiß man fast überall etwas über das ‚Haus der Kinder‘ und fertigt schon einfache und praktische Gegenstände an, deren Zweck es ist, der geistigen Entfaltung des Kindes zu dienen. Hier sind kleine, hübsche Möbel in lebhaften Farben, so leicht, daß sie umfallen, wenn sie angestoßen werden, und die Kleinen können sie bequem von der Stelle rücken. Ihre lichte Farbe zeigt sofort alle Flecken: So wird der Schaden gleich entdeckt und mit ein wenig Wasser und Seife schnell wieder beseitigt. Jedes Kind kann seinen Platz wählen und sich alles so zurechtrücken, wie es ihm gefällt; aber da diese Möbel leicht sind, verraten sie jede ungeschickliche Bewegung durch ein Geräusch. So lernt das Kind auf die Bewegungen seines Körpers zu achten. Es gibt doch auch hübsche zerbrechliche Gegenstände aus Glas und Porzellan. Läßt das Kind einen dieser Gegenstände fallen, zerbricht er und geht damit für immer verloren – so ist der Kummer über den Verlust die empfindlichste Strafe. Was ist das für ein Schmerz, der Verlust eines geliebten Gegenstandes! Wer fühlt sich nicht getrieben, ein Kind zu trösten, das ganz rot und weinend vor einem zerbrochenen Gefäß steht. Das Kind wird beim Tragen zerbrechlicher Gegenstände von nun an all seinen Willen anspannen, um die Bewegungen seines Körpers in der Gewalt zu haben" (Maria Montessori, Dem Leben helfen, 1992, S. 34 ff).

In diesen Ausführungen über ihre Methode wird Maria Montessoris Sichtweise vom Kind erneut deutlich. Das Kind ist kein kleiner, unfertiger Mensch. Es ist ein Wesen voller Dynamik und Entwicklungsbereitschaft – wenn wir es nur lassen. Dieses Lassen darf aber nicht mit „laissez-faire" verwechselt werden. Bei Montessori wird das Wachsenlassen des Kindes begleitet durch Beobachtung und durch die Vorbereitung der Umgebung. Eine unvorbereitete Umgebung entspricht in keiner Weise den Bedürfnissen des Kindes.

„Müßten wir nur einen Tag in einer Umgebung leben, die der entspricht, die wir unseren Kindern bereiten, wie ratlos wären wir! Alle unsere Kräfte, alle unsere Energien müßten wir nur für unsere Verteidigung gebrauchen, und immer mit den Worten wehren: ‚Nein, laßt mich, ich will nicht!', und wir würden schließlich wie die Kinder in Tränen ausbrechen, wenn wir kein anderes Verteidigungsmittel erfänden. Doch die Mütter sagen: ‚Was für ein launenhaftes Kind! Es will nicht zur Zeit aufstehen und schlafen gehen, und immer sagt es: ‚Ich will nicht, ich will nicht'. Kleine Kinder dürfen doch niemals sagen: Ich will nicht!'" (Maria Montessori, Dem Leben helfen, 1992, S. 56).

Wir Erwachsenen müssen aber auch Abstand von der Vorstellung nehmen, daß das Kind zu allem unsere Hilfe brauche. Wir wollen ihm Mühen ersparen, Handlungen beschleunigen. Das Kind reagiert darauf nicht mit Zufriedenheit und Dankbarkeit. Genau das Gegenteil ist der Fall. Es möchte die Dinge alleine tun. Nur durch die selbständige Bewältigung der Aufgaben und Handlungen gelingt es ihm, Unabhängigkeit vom Erwachsenen zu erreichen, Selbständigkeit zu entwickeln, sich Freiräume und Freiheit zu erobern.

„Will ein Kind etwas ‚ganz allein' tun, so wird es eifrig und ist voller Leben. Es müht sich ab – und sogleich greifen wir ein, um die begonnene Arbeit viel besser zu vollenden. Lautet die Stimme des Versuchers vielleicht nicht so: ‚Du willst dich waschen, dich ankleiden? Plage dich nicht zu sehr, ich bin ja hier und kann alles vollbringen, was dein Herz begehrt.'

Und das Kind, dem nichts mehr zu wollen übrig bleibt, wird launisch. Wir geben seiner Laune nach und glauben noch, ihm damit etwas Gutes zu tun.

Überlegen Sie doch einmal, was mit einem Kind geschähe, das in seinen ersten Lebensjahren in ein Haus eingeschlossen wäre, in dem sich nur unzerbrechliche Gegenstände befänden, in einem Haus, in dem es sich nicht zu beherrschen und in der Handhabung der Gegenstände niemals achtsam zu sein bräuchte. Es käme um viele notwendige Erfahrungen, und seinem Leben würde immer etwas fehlen [...] Betrachten wir ein wenig das Kind in seiner Umgebung, die ihm entspricht und von seiner Natur selbst verlangt wird. Wir werden sehen, wie es von selbst an seiner Vervollkommnung arbeitet. Der richtige Weg dazu wird ihm nicht nur durch die Gegenstände gewiesen, die es gebraucht, sondern auch durch die Möglichkeit, selbst vermittels dieser Gegenstände seine Irrtümer zu erkennen" (Maria Montessori, Dem Leben helfen, 1992, S. 59 f).

Das Gelingen der pädagogischen Arbeit im Sinne Montessoris ist ganz wesentlich abhängig von der „neuen Lehrerin", von den Erwachsenen, die das Kind bei seinen Entwicklungsschritten beobachten und begleiten. Montessori sagt uns immer wieder, daß die größere oder geringere Wirkung nur von der Lehrerin abhänge und von ihrer Art, das Material in der vorbereiteten Umgebung anzubieten.

„Wenn sie den Kindern diese Gegenstände anziehend zu machen versteht, wird ihre Unterweisung ebenso wichtig wie das Material selbst. Wir verstehen danach unter der ‚Lektion' oder Unterweisung durch die Lehrerin ihre besondere Fähigkeit, dem Kinde das Material darzubieten und es in seinen Gebrauch einzuführen.

Diejenigen, die unsere Methode studieren, beschäftigen sich viel mit dem, was ‚die Unterweisung durch die Lehrerin' betrifft. Es ist interessant, einen Vergleich zu ziehen zwischen den ‚Lektionen', die in unseren Schulen gegeben werden und denen, die in anderen Schulen gebräuchlich sind, an denen nach der hergebrachten Methode unterrichtet wird.

Bei unseren Unterweisungen ist der Hauptanteil der Initiative den Kindern überlassen. Sobald das Kind in dem Alter ist, einsichtige Handlungen ausführen zu können, ist es imstande, seine Bildung allein fortzusetzen und aus eigenem Willen die Übungen zu wiederholen, die geeignet sind, sein Urteilsvermögen zu üben: Es leistet so eine völlig unabhängige Arbeit, die ihm allein gehört und in die die Lehrerin nicht eingreifen darf. Ihre Rolle beschränkt sich auf das Anbieten des Materials. Sie braucht das Kind nur einzuführen in seinen Gebrauch, dann kann sie es seiner Arbeit überlassen. Denn es ist nicht so sehr unser Ziel, Unterweisungen zu erteilen, als die geistigen Kräfte zu erwecken und zu entwickeln.

Die Zahl der ‚Lektionen‘ wird sehr groß sein, denn das Kind kennt den Gebrauch der meisten Gegenstände seiner Umgebung nicht und kann ihn allein auch nicht erraten. Es ist daher die Aufgabe der Lehrerin, ihn dem Kinde zu zeigen. Viele Lehrerinnen fragten mich: ‚Genügt es, das Material geschickt und freundlich darzubieten?‘ Nein, das genügt noch lange nicht, denn die Art des Gebrauchs ist das wichtigste. Nehmen wir z.B. ein Eßbesteck. Sein Gebrauch ist jedem von uns bekannt, würde aber ein Chinese, der die Handhabung desselben noch nicht kennt, ein Eßbesteck auf unserem Tisch liegen sehen, er nähme es ratlos von einer Hand in die andere, bis er gesehen hätte, wie jemand von uns damit umgeht.“ (Maria Montessori, Dem Leben helfen, 1992, S. 61 f).

Maria Montessori weist deshalb der Lehrerin die primäre Aufgabe zu, das Kind unmittelbar mit der Umgebung in Beziehung zu bringen, indem sie ihm den Gebrauch der verschiedenen Dinge zeigt. Wenn das Kind dann in seine „große Arbeit“ vertieft ist, dann darf sie es nicht stören. Sie muß seine Aufmerksamkeit respektieren. Selbst ein Lob kann diese Aufmerksamkeit unterbrechen und das Kind die „geordnete Arbeit“ abbrechen lassen. Die Polarisation der Aufmerksamkeit muß von der Lehrerin erkannt werden. Den Respekt vor der Tätigkeit der Kinder zeigt sie durch „Nichteingreifen“. Sie wertschätzt das Versunkensein, das „Aufgehen“ des Kindes in seiner von ihm selbst gewählten Aktivität.

Erwachsene sind oft irritiert, wenn sich Kinder zum wiederholten Male mit der gleichen Aufgabe oder demsel-

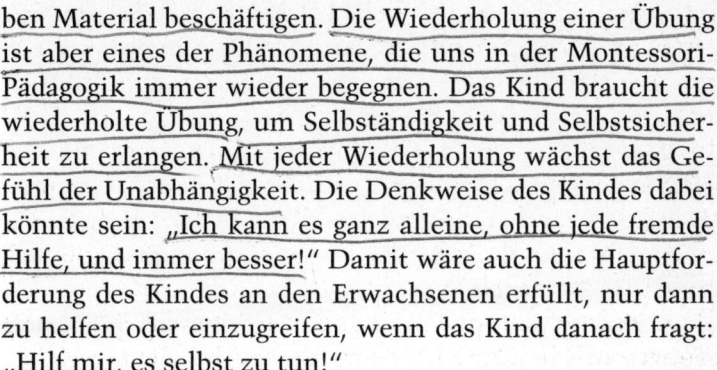

ben Material beschäftigen. Die Wiederholung einer Übung ist aber eines der Phänomene, die uns in der Montessori-Pädagogik immer wieder begegnen. Das Kind braucht die wiederholte Übung, um Selbständigkeit und Selbstsicherheit zu erlangen. Mit jeder Wiederholung wächst das Gefühl der Unabhängigkeit. Die Denkweise des Kindes dabei könnte sein: „Ich kann es ganz alleine, ohne jede fremde Hilfe, und immer besser!" Damit wäre auch die Hauptforderung des Kindes an den Erwachsenen erfüllt, nur dann zu helfen oder einzugreifen, wenn das Kind danach fragt: „Hilf mir, es selbst zu tun!"

„Unsere Hilfe muß darin bestehen, die spontanen Anregungen der kindlichen Seele zu unterstützen; eine wirkliche Hilfe soll keine willkürliche Lenkung sein, sondern eine Antwort. Und dies setzt voraus, daß wir uns darauf vorbereiten, die Natur zu interpretieren und die Selbständigkeit des Kindes zu achten." (Maria Montessori, Dem Leben helfen, 1992, S. 70).

Das fundamentale Prinzip der Montessori-Methode heißt: Dem Leben helfen!

„Wer kann uns denn die natürlichen Wege, auf denen sich das psychische Wachstum des menschlichen Individuums vollzieht, offenbaren, wenn nicht das Kind selbst, sofern es in Verhältnisse gebracht wird, die es ihm möglich machen, sich zu offenbaren? Unser erster Lehrmeister wird also das Kind selbst oder, besser noch: der Lebensdrang mit den kosmischen Gesetzen, die es unbewußt leiten. Es ist nicht so sehr das, was wir ‚den Willen des Kindes' nennen, als der geheimnisvolle Wille, der seine Bildung leitet.

Ich kann versichern, daß die Offenbarungen des Kindes gar nicht so schwierig zu erreichen sind. Die wirklichen

Schwierigkeiten liegen in den alten Vorurteilen des Erwachsenen gegenüber dem Kind, in dem blinden Unverstand, in den Schleiern, die eine willkürliche und ausschließlich auf der menschlichen Vernunft, ja mehr noch auf dem unbewußten Egoismus des Menschen und seinem Hochmut als Herrscher ruhenden Erziehung gewebt haben, so daß die Werte der weisen Natur uns verborgen blieben.

Unser Beitrag, wie unvollständig und gering er auch sein möge, als wie belanglos er auf der wissenschaftlichen Ebene der Psychologie auch geachtet werden möge, dient aber doch dazu, diese enorme Behinderung durch Vorurteile deutlich zu machen; Vorurteile, die Beiträge unserer isolierten Erfahrung auswischen und zerstören können. Wenn wir nur das Bestehen dieser Vorurteile aufzeigen könnten, würden wir schon eine Wohltat von allgemeinem Interesse erwiesen haben." (Maria Montessori, Dem Leben helfen, 1992, S. 135).

Wie kam nun Montessori zu den Materialien, die heute weltweit unter dem Begriff „Montessori-Materialien" bekannt sind und die von Gegnern der Montessori-Pädagogik äußerst kritisch betrachtet werden?

Kritiker vertreten immer wieder die Auffassung, daß gerade die Materialien zu stark oder sogar ausschließlich auf kognitive Förderung hin ausgerichtet seien, daß das experimentelle Spiel, die Förderung von Kreativität und Phantasie zu kurz kämen. Für den gesamten musischen Bereich würde kaum Raum gelassen und dem Prinzip des Spiels als einem Hauptziel der Elementarpädagogik, würde zu wenig Beachtung geschenkt.

Wer sich nur oberflächlich mit Montessoris Methode und dem von ihr eingesetzten Material befaßt, kann allerdings tatsächlich vorschnell zu diesen Fehleinschätzungen gelangen. Um die Materialien zu begreifen und ihre Wirkung zu erspüren, muß der Erwachsene selbst ausreichend und gründlich damit üben. Auf diese Weise lernt er die Wirkung und Faszination kennen, die von ihnen ausgeht.

„Montessori … war gelegentlich entsetzt über die gekünstelt wichtige Art, wie man es handhabe, weil man Genauigkeit und Sorgfalt mit Pedanterie verwechselte, so daß die Möglichkeiten, die das Material bietet, und die Variationsfreiheit, die es bei aller Wahrung des Gesetzes der Sache dem Kind läßt, nicht ins Spiel kommen konnten. Das Material sieht stattlich und geschmackvoll aus, wenn es auch mit dem gewohnten Spielzeug verglichen, oft nicht so direkten Anreiz gibt." (Helming, Montessori-Pädagogik, 1977, S. 40).

Aber genau das will Montessori: den Verzicht auf das Sensationelle von Anreizen und Verlockungen! Sie hält es außerdem für unverzichtbar, daß sich der Erwachsene auf das Niveau des zu Erziehenden stellt.

„Durch das Vorurteil, daß der Erzieher sich auf das Niveau des zu Erziehenden stellen soll, gerät der Lehrer schwachsinniger Kinder in eine Art Apathie: Er weiß, daß er minderwertige Menschen erzieht und deshalb gelingt ihm ihre Erziehung nicht. So glauben die Lehrer kleinerer Kinder, diese zu erziehen, wenn sie sich bemühen, sich mit Spielen und häufig auch mit drolligen Reden auf ihre Ebene zu stellen. Man muß vielmehr verstehen, in der Seele des Kindes den darin schlummernden Menschen anzusprechen.
Ich hatte diese Intuition und ich glaube, daß nicht das didaktische Material, sondern diese meine Stimme, die sie anrief, die Kinder *weckte* und dazu antrieb, das didaktische Material zu benutzen und sich selbst zu erziehen" (Maria Montessori, Die Entdeckung des Kindes, 1969, S. 31).

In diesem Zusammenhang ist anzumerken, daß viele Grundgedanken Maria Montessoris zurückgehen auf Itard und Séguin. Letzterer war zunächst Lehrer, dann Arzt. Er hat das Verdienst, ein wirkliches und vervollständigtes Erziehungssystem für geistig zurückgebliebene Kinder entwickelt zu haben. Dabei baute er auf Itards Versuche auf, die er unter Abänderung und Vervollständigung der Methode in 10jähriger Erfahrung bei Kindern anwandte. Séguin wanderte Mitte des 19. Jahrhunderts von Frankreich in die USA aus und gründete dort zahlreiche Institute für geistig Behinderte. Er veröffentlichte dort auch sein zweites Buch über seine Methode mit dem Titel: „Idiocy: and its treatment by the physiological method". Das Buch erschien 1866 in New York.

„Die Tatsache, daß dieses Buch, obwohl in englischer Sprache veröffentlicht, auch in England unbekannt war, ließ in mir den Gedanken aufkommen, daß man das Séguin'sche System nicht verstanden hatte. Tatsächlich wurde der Name Séguin in Veröffentlichungen über Institute für geistige Zurückgebliebene eifrig genannt, doch die beschriebenen erzieherischen *Anwendungen* waren alles andere als ein Befolgen des Séguin'schen Systems [...]

Der Gedanke, daß eine „neuartige Erziehung" in der Welt der Pädagogik entstanden war, hatte sich noch nicht durchgesetzt, genausowenig wie der Gedanke, daß eine neuartige Erziehung geistig zurückgebliebene Kinder auf ein höheres Niveau bringen könne. Umso weniger erfaßte man, daß eine Erziehungsmethode, die imstande war, das Niveau von geistig Zurückgebliebenen anzuheben, dies auch bei normalen Kindern bewirken konnte."
(Maria Montessori, Die Entdeckung des Kindes, 1969, S. 30).

Maria Montessori übernahm die theoretischen und praktischen Überlegungen ihrer „Lehrmeister" und führte diese über ihren ursprünglichen Anspruch hinaus. Sie verfeinerte und systematisierte die Materialien zu didaktischem Material. Dabei übertrug sie die Funktion dieser Materialien auf die Normalerziehung, d. h. sie löste sie heraus aus der Behindertenarbeit und der Heilpädagogik. Schon sehr früh entdeckte sie, daß der Umgang mit den Materialien bei nichtbehinderten Kindern zu Veränderungen führte. So beobachtete sie eine Ausweitung der Konzentration und die Normalisation des kindlichen Verhaltens. Als Ursache für geringe Leistungsfähigkeit bei normalen Kindern betrachtete Maria Montessori die ungenügend vorbereitete und nicht ausreichend aktivierende Umgebung. Hier hoffte sie durch die Weiterentwicklung der Materialien eine Verbesserung zu erreichen.

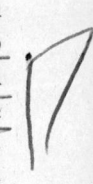

Unverzichtbar dabei ist für sie, daß der Erwachsene sich auf das Niveau des Kindes begeben muß. Das heißt bei Montessori nicht, das Kind nachzuahmen, ihm nachzuplappern, seinen Wortschatz zu gebrauchen, sondern vielmehr, das Wesen des Kindes zu erkennen und es in seiner Gesamtpersönlichkeit wahrzunehmen. Der Erwachsene darf nicht auf das Kind herunterblicken, sondern muß zu ihm hinaufschauen, bereit sein, in einen Erfahrungsaustausch mit dem Kind zu treten.

Bei der Entwicklung ihrer Materialien griff Montessori Séguins „Physiologische Methode" auf, die Einheit von Intellekt und Sinnestätigkeit bzw. Motorik und die Aktivierung des Intellekts durch Einwirkung auf die Sinne und den Bewegungszusammenhang. Diese Methode besagt, daß die Aktivierung des Geistes durch die Übung der Sinne erfolgt. So konzipierte Montessori ihre Materialien und die damit einhergehenden Übungen auf der Basis der Isolierung des einzelnen Sinnes.

„Um Mißverständnisse zu vermeiden und die Kritik zu widerlegen, die geäußert wurde, nachdem unsere Methode in der ganzen Welt bekannt war, ist es vielleicht auch angebracht, den Zweck unserer Sinneserziehung zu fixieren. Der naheliegende Wert einer Erziehung und Verfeinerung der Sinne gibt durch die Erweiterung des Feldes der Wahrnehmungen eine immer zuverlässigere und reichhaltigere Grundlage für die Entwicklung der Intelligenz. Durch den Kontakt mit der Umgebung und ihre Erforschung baut der Verstand diesen Schatz wirkender Gedanken auf, ohne die seinem abstrakten Funktionieren Grundlagen und Präzision, Genauigkeit und Inspiration entzogen wären. Dieser Kontakt wird durch die Sinne und die Bewegung hergestellt. Es ist zwar möglich, die Sinne zu erziehen und zu verfeinern, auch wenn es sich dabei nur um einen zeitlich begrenzten Gewinn im Leben des einzelnen handelt, der davon später nicht ständig und in so großem Umfang Gebrauch macht, wie in manchen spezifisch praktischen und sensoriellen Berufen. Der Wert dieser Erziehung der Sinne wird jedoch deshalb nicht geringer, denn gerade während dieser Entwicklungsperiode nehmen die Grundgedanken und -gewohnheiten des Verstandes Gestalt an [...] Jeder Gegenstand, den wir für die Sinnesausbildung benutzen wollen, hat natürlich viele verschiedene Eigenschaften wie Gewicht, Rauheit, Farbe, Form, Maße usw. Wie müssen wir also vorgehen, damit die Serie statt dessen nur eine einzige Eigenschaft herausstellt? Unter den vielen Eigenschaften des Gegenstandes ist eine einzige zu isolieren. Diese Schwierigkeit läßt sich nun durch die Serie und ihre Abstufungen überwinden: Es müssen Gegenstände vorbereitet werden, die untereinander vollkommen gleich sind, mit Ausnahme der sich verändernden Eigenschaft.

Falls wir Gegenstände zurechtlegen wollen, die z. B. zur

Unterscheidung von Farben dienen, müssen sie gleich in Stoff, Form und Abmessungen sein und nur in der Farbe differieren. Oder falls Gegenstände zu dem Zweck vorbereitet werden sollen, die verschiedenen Töne der Tonleiter hervorzuheben, müssen sie vollkommen gleich aussehen, wie z. B. die bei unserem System gebräuchlichen Glocken, die alle die gleiche Form und Größe haben und auf gleichen Ständern stehen; doch werden sie mit einem kleinen Hammer angeschlagen, erklingen verschiedene Töne, und diese sind der einzige für die Sinne wahrnehmbare Unterschied.

Die kleinen Instrumente, die den Kindern als musikalisches Spielzeug in die Hand gegeben werden, eignen sich deshalb nicht für eine wirkliche Übung des musikalischen Empfindens zur Differenzierung der ‚Töne', weil sie längere und kürzere Hammerstiele oder verschieden hohe, wie Orgelpfeifen angebrachte Röhren haben, und zwar weil das Auge bei der Unterscheidung aufgrund der verschiedenen Maße mithelfen kann, während das Ohr als einziges aufnehmen und urteilen soll.

Bei diesem Verfahren läßt sich eine große Klarheit bei der Differenzierung der Dinge erreichen, und es ist offenkundig, daß gerade Klarheit die Grundlage für das Interesse am ‚Unterscheiden' bildet. Von der psychologischen Seite her ist bekannt, daß die Sinne soweit wie möglich isoliert werden müssen, will man einzelne Eigenschaften besser hervorheben. Ein Tasteindruck wird bei einem Gegenstand klarer, der keine Wärme leitet, der also nicht gleichzeitig Temperatureindrücke vermittelt; und wenn sich das Versuchsobjekt an einem dunklen und stillen Ort befindet, wo es also weder Seh- noch Gehöreindrücke gibt, welche die Tasteindrücke beeinflussen können. Der Isolierungsprozeß kann also zweifacher Natur sein: Er kann sich auf den von jedem Umwelteinfluß isolierten Menschen

31

beziehen und auf das Material, das eine einzige, graduell abgestufte Eigenschaft aufweist.

Diese als äußerste Vollkommenheit anzustrebende Präzision ermöglicht die Durchführung einer inneren und äußeren Analyse, die geeignet ist, dem kindlichen Geist Ordnung zu geben.

Das Kind, welches von Natur aus begeistert seine Umgebung erforscht, weil es bisher weder Zeit noch die Möglichkeit gefunden hat, sie genau kennenzulernen, ‚schließt die Augen' gern oder verbindet sie sich, um das Licht auszuschalten, wenn es die Formen mit seinen Händen abfühlt; es ist auch gern bereit, sich im Dunkeln aufzuhalten, um zu versuchen, das kleinste Geräusch wahrzunehmen." (Maria Montessori, Die Entdeckung des Kindes, 1969, S. 112 ff).

Wer sich in der Isolierung der Sinne jemals selbst geübt hat, hat sicher die Erkenntnis gewonnen, daß sich die Sinneswahrnehmung verfeinert. Es sei nur erinnert an die Beobachtung der Geräusche beim Sitzen in der Dunkelheit. Je länger man hört, desto vielfältiger und differenzierter werden die leisesten Geräusche wahrgenommen. Die Erziehung und Verfeinerung der Sinne schafft durch die Erweiterung des Wahrnehmungsumfeldes eine zuverlässigere und breitere Grundlage für die Entwicklung der Intelligenz. Montessori achtet stets darauf, eine einzige bestimmte Eigenschaft in dem Material zu isolieren, um das Kind bei der Erfahrung von Eindrücken nicht zu verwirren und um seine Eindrücke besser steuern zu können. Ihr Material erlaubt Erfahrungen am Gegenstand durch eigenes Tun und hilft so dem Kind, zur Verselbständigung und Unabhängigkeit zu gelangen.

Eine Besonderheit des Montessori-Materials ist die Möglichkeit für das Kind, eine eigene Fehlerkontrolle durchzuführen. Das Kind kann ohne Eingriff des Erwachsenen den Fehler erkennen und berichtigen und wird somit von der Abhängigkeit vom Erwachsenen befreit.

Vergleichen wir Montessori-Materialien mit den neuen sogenannten didaktischen Materialien, so stellen wir fest, daß heute die kindliche Aktivität im Hinblick auf ein enges, bestimmtes Ziel gerichtet wird. Ist dieses Ziel erreicht, so ist damit auch die Arbeitsmöglichkeit für das Kind beendet. Beim Montessori-Material dagegen bleibt die Aktivität erhalten, es gibt keine begrenzte Zielsetzung.

Die Schulung der Sinne wird nicht einseitig betrieben, sondern verläuft immer parallel mit der Spracherziehung. So führt Montessori ihre Materialien mit der „Drei-Stufen-Lektion" ein.

1. Stufe:
Die Assoziation der Sinneswahrnehmungen mit dem Namen. Das Kind bekommt zwei Farbtäfelchen. Wir sagen: Dies ist rot. Dies ist blau.

2. Stufe:
Erkennen des den Namen entsprechenden Gegenstandes (Zustandes). Wir sagen: Gib mir das rote Täfelchen. Gib mir das blaue Täfelchen.

3. Stufe:
Erinnerung an den Gegenstand (Zustand) bezeichnenden Namen. Man zeigt dem Kind das Täfelchen und fragt: Welche Farbe hat dieses Täfelchen? Das Kind antwortet: Dies ist rot. Dies ist blau.

Wenn das Kind durch die Einführung der verschiedenen Materialien mit diesen vertraut gemacht wurde, dann wird es selbständig damit arbeiten und seine Arbeit auch selbst kontrollieren und weiterentwickeln. Wenn es lange genug mit einem Material geübt hat, wird es von sich aus die nächsthöhere Stufe anstreben.

Montessori macht selbst einige Ausführungen zur Fehlerkontrolle:

„Das dem Kind gegebene Material soll, wenn möglich, die ‚Fehlerkontrolle' einschließen, wie dies z. B. bei den Einsatzblöcken der Fall ist. Dies sind mit Aushöhlungen versehene Holzblöcke, in die Zylinder mit abgestuften Abmessungen passen: dünn bis dick, hoch bis niedrig, klein bis groß. Da jede Öffnung genau dem dort hineinzusteckenden kleinen Zylinder entspricht, ist es unmöglich, sie alle verkehrt einzustecken, da am Ende einer übrig sein müßte, und dies verrät den begangenen Fehler. Genau wie sich bei einer Knopfreihe die falsche Reihenfolge oder der vergessene Knopf am Schluß durch ein leeres Knopfloch bemerkbar macht. Bei anderem Material wie den drei Serien von Klötzen, machen Größe, Farbe usw. der Gegenstände und die Tatsache, daß das Kind bereits Übung erlangt hat, Fehler zu erkennen, letztere besonders augenfällig.

Die sachliche Fehlerkontrolle führt das Kind dazu, bei seinen Übungen überlegt, kritisch, mit einer an Genauigkeit immer stärker interessierten Aufmerksamkeit, mit einer verfeinerten Fähigkeit, kleine Unterschiede zu erkennen, zu verfahren. So wird das Bewußtsein des Kindes auf die Kontrolle der Fehler vorbereitet, auch wenn diese nicht mehr stofflich oder sinnlich wahrnehmbar sind.

Nicht nur die Gegenstände zur Sinneserziehung und zur Bildung, sondern alles in der Umgebung ist so vorbereitet, daß die Fehlerkontrolle leicht gemacht wird. Von den Möbeln bis zu dem Entwicklungsmaterial sind alle Gegenstände Verräter, vor deren warnender Stimme man nicht fliehen kann.

Helle Farben und Glanz verraten Flecken, die Möbel in ihrer Leichtigkeit verraten die noch unvollkommenen und grobschlächtigen Bewegungen durch Umfallen oder dadurch, daß sie geräuschvoll über den Boden gezogen werden. So wird die gesamte Umgebung zu einem strengen Erzieher, zu einem immer aufmerksamen Wachtposten. Jedes Kind empfindet seine Warnungen, als stünde es ganz allein vor diesem unbeseelten Lehrer" (Maria Montessori, Die Entdeckung des Kindes, 1969, S. 116 f).

Das Material muß bei Montessori dem Kind aber auch Möglichkeiten zur Entwicklung geben, Aktivitäten anregen und Impulse geben, diese Aktivitäten zu üben und zu vervollkommnen.

„Die Möglichkeit, die interessierte Aufmerksamkeit des Kindes zu erhalten, hängt nicht so sehr von der in den Dingen enthaltenen ‚Qualität‘ ab, sondern vielmehr davon, welche Anregungen sie zum Handeln bieten.

Also, um eine Sache interessant zu machen, genügt es nicht, daß sie von sich aus interessant ist, sondern sie muß dem Tätigkeitsdrang des Kindes angemessen sein. Zum Beispiel müssen kleine Gegenstände zum Verrücken da sein, und in diesem Fall ist es die Bewegung der Hand, mehr als die Dinge selbst, die das Kind beschäftigt hält, viele Male nacheinander die Sachen zusammen- und auseinanderzustellen, umzurücken und neu zu ordnen, und dadurch eine längere Dauer der Betätigung ermöglicht. Ein wunderschönes Spielzeug, ein anziehender Anblick, eine erstaunliche Erzählung können zweifellos das kindliche Interesse auf sich lenken, doch wenn das Kind einen unveränderlichen Gegenstand nur ‚sehen‘ oder ‚hören‘ oder ‚anfassen‘ darf, ist sein Interesse oberflächlich und springt von einer Sache zur anderen über.

So ist die Umgebung ganz danach zusammengestellt, daß sie sich für die kindliche Tätigkeit eignet, sie ist schön, doch das würde das Kind nur einen einzige Tag interessieren, während die Tatsache, daß jedes Ding umgestellt, benutzt und wieder an seinen Platz gebracht werden kann, der Umgebung eine unerschöpfliche Anziehungskraft verleiht" (Maria Montessori, Die Entdeckung des Kindes, 1969, S. 118).

Ein weiterer Reiz in Montessori-Einrichtungen liegt in der Begrenzung des Materials. Während wir es von Kindertageseinrichtungen und Schulen gewohnt sind, daß von Kindern geliebte Materialien in großer Menge vorhanden sind, erachtet Montessori die Einmaligkeit eines jeden Materials für ausreichend. Sie betrachtet diese Begrenzung als wichtigen Bestandteil der pädagogischen Arbeit. „Die Begrenzung – Schließlich ist noch folgendes, allen für die Erziehung geschaffenen ‚stofflichen Mitteln' gemeinsame Prinzip, das bis jetzt sehr wenig verstanden wurde, von größtem pädagogischen Interesse: Es besagt, daß das Material ‚mengenmäßig begrenzt' sein muß. Ist dieses Faktum erst einmal festgestellt, wird es für unser Begriffsvermögen logisch klar: Ein normales Kind benötigt keine ‚Reizmittel' die es aufwecken,, die ‚es mit der wirklichen Umgebung in Verbindung bringen'. Es ist wach und verfügt über unzählige ständige Beziehungen zu seiner Umgebung. Hingegen muß es das Chaos ordnen, das sich in seinem Bewußtsein durch die Vielzahl von Empfindungen gebildet hat, die es auf der Welt erhielt. Es ist kein ‚Schlafender im Leben', wie das geistesschwache Kind, sondern ein ‚kühner Entdecker in der für es neuen Welt', und was es als Entdecker braucht, ist ein Weg, der es zu seinem Ziel hinführt und von den ermüdenden Umwegen befreit, die es am Vorwärtskommen hindern. Dann ‚klammert sich das Kind leidenschaftlich' an diese begrenzten und auf den Zweck gerichteten Dinge, welche das Chaos ordnen, das sich in ihm gebildet hat, mit der Ordnung dem forschenden Geist Klarheit bringen und es bei seinen Forschungen begleiten. Der zunächst sich selbst überlassene Entdecker wird dann ein aufgeklärter Mensch, der bei jedem Schritt Neues findet und vorwärts schreitet mit der inneren Kraft, die ihm Befriedigung gibt.

Wie sehr müssen diese Erfahrungen die Vorstellungen ändern, die viele noch haben – nämlich, daß dem Kind desto besser geholfen wird, je mehr Erziehungsmaterial ihm zur Verfügung steht. Wir glauben zu Unrecht, das ‚an Spielzeug reichste', das ‚an Hilfsmitteln reichste' Kind könne sich am besten entwickeln. Statt dessen beschwert die ungeordnete Vielzahl von Dingen die Seele mit neuem Chaos und bedrückt sie durch Entmutigung.

In der ‚Begrenzung' der Hilfsmittel, die das Kind dazu führen, Ordnung in seinen Geist zu bringen und ihm das Verständnis der unendlich vielen Dinge erleichtern, die es umgeben, liegt das höchste Erfordernis, das es dem Kinde ermöglicht, seine Kräfte zu schonen und das es sicher auf den schwierigen Pfaden seiner Entwicklung voranschreiten läßt." (Maria Montessori, Die Entdeckung des Kindes, 1969, S. 118 f).

Überleitung

In den beiden vorangegangenen Kapiteln standen die Pädagogik Maria Montessoris und ihre Gedanken zu den von ihr verwendeten Materialien im Vordergrund. Im folgenden sollen nun die verschiedenen Montessori-Materialien detailliert vorgestellt werden. An konkreten Übungen wird beschrieben, wie Kinder damit arbeiten und dadurch Freude am Lernen gewinnen können. Die Erfahrungen, die die Kinder mit diesen Materialien machen, lassen sich sehr leicht in den Lebensalltag von Kindern in Familie, Tageseinrichtung oder Schule übertragen. Es sind somit keine lebensfremden Übungen, wie Kritiker immer wieder meinen, sondern vielmehr „lebenspraktische" Übungen und Materialien, die dem Kind helfen, sich im Lebensalltag zurechtzufinden. Es muß an dieser Stelle nochmals wiederholt werden, daß der alleinige Einsatz von Montessori-Materialien ohne Bezug zu Montessoris Erziehungsmethoden und ihrem erzieherischen Handeln nicht zum gewünschten Erfolg führen kann. Montessori-Pädagogik ist als Einheit zu verstehen, und Maria Montessoris Sichtweise vom Kind ist dabei die tragende Säule ihrer pädagogischen Überlegungen und ihres erzieherischen Handelns.

3. Einführung in ausgewählte Montessori-Materialien und Übungen

3.1 Unabhängig handeln lernen: Übungen des praktischen Lebens

Die Übungen des praktischen Lebens, die wir bei Montessori finden und die in allen Montessori-Einrichtungen auch praktiziert werden, werden von Eltern, Erzieherinnen und Pädagogen vielfach belächelt. Sie betrachten sie als überflüssig, antiquiert, überholt. Dennoch, diese Übungen bilden eine ganz wichtige Basis für die praktische Arbeit nach Maria Montessori. Die Übungen des praktischen Lebens unterstützen das Kind bei der Entwicklung und Koordination der Bewegungen. Das Kind erwirbt unabhängige Handlungsmöglichkeiten, erkennt und befriedigt sein Bedürfnis nach Ordnung und Wiederholung, findet Punkte seines Interesses und Situationen der Stille. Im Sinne Montessoris muß das Kind frei sein, um

– unabhängig handeln zu können,
– seine eigene Aufgabe zu wählen,
– genügend Freiheit zu entwickeln, eine Handlung, so lange und so oft es wünscht, zu wiederholen.

Das Kind organisiert seine Intelligenz durch Aktivität und nicht durch Wahrnehmung; deshalb legt die Natur in das Kind einen großen Drang zur Tätigkeit und zum Gebrauch seiner Hände und Füße. Um tätig werden zu können, braucht das Kind Gegenstände, mit denen es aktiv werden kann und darf. So helfen die Übungen des praktischen Lebens dem

Kind, sich in seiner Umgebung angemessen zu verhalten und zurechtzufinden. Übungen des praktischen Lebens sind für das Kind von zwei Aspekten her von Bedeutung:

- Das Kind führt die Übungen um seiner selbst willen durch,
- das Kind leistet durch die Übung einen Beitrag für die Gemeinschaft.

Diese beiden Aspekte lassen sich am Beispiel des Putzens einer Kupferschale verdeutlichen. Das Kind hat beim Putzen der Kupferschale ein Erfolgserlebnis und freut sich, daß es ihm gelingt, sich im Metall zu spiegeln. Nachdem es seine Arbeit beendet hat, stellt es die Schale auf den Schrank zurück. Die Kinder der Gruppe können sich an der blankgeputzten Schale erfreuen.

Zu den Übungen des praktischen Lebens gehören auch die Übungen zur Kontrolle der Bewegung. Hier kommt es nicht nur darauf an, eine Aufgabe auszuführen, sondern Selbstkontrolle zu erreichen. Als Beispiel sei hier das Gehen auf einer Linie genannt. Der Erfolg einer solchen Übung hängt davon ab, wie stark es dem Kind gelingt, sich auf diese Aktivität zu konzentrieren. Je höher die Konzentration ist, die es erreicht, desto besser wird ihm die Übung gelingen. Wenn das Kind Sicherheit gewonnen hat, so kann die Übung ausgebaut werden:

- das Kind geht und hält gleichzeitig eine Fahne,
- das Kind geht und hält gleichzeitig in jeder Hand eine Fahne,
- Gehen mit einem Glas, das bis zum Rand mit Wasser gefüllt ist,
- Gehen mit einem Teil des rosa Turms in den Händen,
- Gehen mit zwei Gläsern voller Wasser,

- Gehen mit einer senkrecht gehaltenen Glocke,
- Gehen mit einem schweren Gegenstand, der an einen
  Bindfaden gebunden ist und nicht schwingen darf,
- mit etwas in der Hand und etwas auf dem Kopf gehen
  usw.

Die Kinder suchen sich selbst immer neue Schwierigkeits-
grade. So spricht diese Übung Kinder in jeder Altersstufe
an. Die Kinder wählen die wachsende Schwierigkeit selbst.
Wenn sie einen Fehler machen, werden Teile des rosa
Turms herunterfallen, wird das Wasser überschwappen,
wird die Glocke läuten, wird der Gegenstand am Bindfaden
schwingen usw. Das Kind kann also selbst die Übung wiederholen oder zu einer einfacheren zurückkehren.
   Die Übungen des praktischen Lebens können in vier
Gruppen gegliedert werden:

- Pflege der eigenen Person,
- Pflege der Umgebung,
- Pflege der sozialen Beziehungen,
- Analyse und Kontrolle der Bewegung (hierzu gehören
  auch das Gehen auf der Linie und die Schweigeübung).

Es soll hier eine Anzahl von Möglichkeiten aufgezeigt werden, die in die Liste der Übungen des praktischen Lebens
eingereiht werden können. Dies bedeutet jedoch nicht,
daß eine Übung nach der anderen systematisch durchgeführt werden muß.

- Reis von einem Glas in ein anderes schütten
- Wasser aus einem Kännchen in ein anderes gießen
- Wasser in eine Tasse gießen
- Hände waschen
- den Tisch abwischen

- ein Glas spülen und abtrocknen
- Tafelsilber und Messer abwaschen und trocknen
- Fensterscheiben reinigen
- kleine Tücher waschen, auswringen und zum Trocknen aufhängen
- Abstauben
- Blumen gießen
- Stühle tragen
- Blumentöpfe vor die Tür setzen
- den Tisch decken
- getrocknete Wäsche in einen Korb legen
- Kleider auf Haken oder auf Bügel hängen
- Tische bohnern
- Messing putzen
- Schuhe putzen
- Türen leise öffnen und schließen
- Schranktüren öffnen und schließen
- Fenster öffnen und schließen
- Schubkästen öffnen und schließen
- Schlösser mit Schlüssel schließen
- Schneiden mit runden und mit spitzen Scheren
- Bindfaden und Band abschneiden
- Blumenstiele abschneiden
- trockene Zweige und welke Blätter der Pflanzen abschneiden
- Faltarbeiten durchführen und Papierdecken für Platten und Tablette schneiden
- mit dem Messer Kartoffeln schälen
- Gemüse putzen
- Früchte schälen
- Brot abschneiden usw.

Vielleicht sind Sie erstaunt über diese Aufzählung und meinen, derartige Dinge seien doch selbstverständlich.

Wie oft jedoch ärgern wir uns zum Beispiel darüber, daß Kinder den Kakao nicht richtig einschütten können. Hatten sie überhaupt die Chance, das Ausgießen zu üben? Bei den lebenspraktischen Übungen von Maria Montessori wird ihnen die Chance gegeben, sich zu versuchen und ggf. auch Fehler zu machen. Sie können so lange üben, wie sie dies für sich für richtig und wichtig halten. Das Erfahrene und Gelernte setzen sie dann im Lebensalltag ein. Dann gießt Ihnen vielleicht ein Kind den Kaffee ein, ohne ihn zu verschütten. Gleichzeitig aber werden die Kinder sicherer. Sie wollen nicht mehr, daß man ihnen hilft. Sie wissen sich alleine zu helfen.

Kinder haben sehr viel Spaß an der Sorge für ihre Umgebung. In Montessori-Einrichtungen beispielsweise schleppen sie Stühle und Tische, die eigens zu diesem Zweck so klein gehalten sind, daß sie von zwei Kindern getragen werden können. Das macht die Kinder frei, ihren Raum umzugestalten, oder ihren Arbeitstisch dorthin zu bringen, wo sie ihn gerne hätten. Genauso gerne fegen sie den Fußboden, stauben ab, decken den Tisch, waschen ab, versorgen die Pflanzen, kümmern sich um das Frühstück usw. In der Regel ist es das Problem von uns Erwachsenen, daß wir den Kindern die Aufgaben nicht zutrauen. Wir haben Angst, sie könnten sich wehtun, sie könnten sich überheben, sich schneiden usw. Um so überraschter werden wir sein, wenn wir die Kinder vorsichtig in diese Aktivitäten einführen und sie dann dabei beobachten.

Auch das Kochen und Vorbereiten von Mahlzeiten gehört zu den lebenspraktischen Übungen. So können Kinder Nüsse selbst mahlen, Eier rühren und Schnee schlagen, Erbsen und Bohnen aushülsen, Salat putzen und waschen, Früchte durch ein Sieb reiben, Gläser für Marmelade oder Gelee herrichten, Mehl durchsieben, Kartoffeln schälen und zerschneiden, Früchte für Fruchtsalat vorbereiten usw.

Bei der Sorge um die eigene Person geht es in erster Linie um Fragen der Hygiene und Gesundheitserziehung. Häufig werden Kinder gemahnt: „Wasch dir die Hände doch richtig." Woher soll das Kind wissen, wie man die Hände richtig wäscht? Wenden wir hier die Drei-Stufen-Lektion nach Maria Montessori an, so zeigt zunächst die Erzieherin dem Kind, wie das Händewaschen geht: Wir nehmen die Seife und machen die Seife naß. Wir machen die Hände naß und seifen die Hände ein, bis es Schaum gibt usw. Kinder haben dabei viel Freude. Sie wischen die Seife ab, sie spülen die Hände, sie trocknen die Hände ab. Anfangs ist der Verbrauch an Wasser und Seife groß. Aber gleichzeitig macht das Kind die Erfahrung, daß die mit Farbe verschmutzten Hände nach dieser Waschaktion auch sauber sind. Ähnlich verhält es sich mit dem Zähneputzen, dem Kämmen, dem Aufhängen von Kleidungsstücken usw.

Auch das Verhalten in der Gemeinschaft ist ein wichtiger Aspekt. So lernen die Kinder ganz selbstverständlich zu grüßen, sich zu entschuldigen, jemandem zu helfen, Dinge wieder an den richtigen Platz zu bringen, die vielleicht jemand anders falsch hingestellt hat, einen Schwächeren zu begleiten, andere nicht anzustoßen usw.

Viele Dinge gelingen den Kindern nur, wenn sie Kontrolle über ihre Bewegungen gewonnen haben. Hierzu schlägt Montessori die Vielzahl der sogenannten Übungen des praktischen Lebens vor wie z. B. das Gehen auf einer Linie, das Gehen auf einer Ellipse, das Gehen mit dem gefüllten Wasserglas oder mit einer Glocke in der Hand bzw. in beiden Händen usw.

Auch der „Leisestunde" kommt eine große Bedeutung zu. Dabei wird vereinbart, daß alle Bewegungen so ausgeführt werden sollen, daß nichts im Raum zu hören ist. Sie werden erstaunt sein, mit welcher Vorsicht Kinder Dinge transportieren und sich bewegen können, ohne daß auch nur das geringste Geräusch entsteht.

Vielleicht fragen Sie sich: Was hat Abstauben oder Metallputzen oder Blumen schneiden und anordnen mit pädagogischer Arbeit in einer Kindertageseinrichtung zu tun? Das Kind lernt Arbeitsgänge kennen, lernt das Auge zu schulen und konzentriert sich auf Punkte seines Interesses. Es hat den Staub gesehen, festgestellt, daß eine Spur zurückbleibt, wenn man mit dem Finger darüberfährt. Es holt das Staubtuch und staubt ab. Es sieht den Staub am Tuch. Es schüttelt das Staubtuch draußen aus und sieht, wie der Staub aus dem Tuch verschwindet. Am nächsten Tag wird es das Erfolgserlebnis nicht wieder haben, es wird einige Tage dauern, bis sich wieder genügend Staub angesammelt hat. So macht das Kind wichtige Erfahrungen. Ähnliches gilt beim schon erwähnten Metallputzen.

Eine der wichtigsten Übungen des praktischen Lebens ist die Arbeit mit den Rahmen mit Verschlüssen. Kritiker fragen hier, warum das Kind dies nicht an der konkreten Kleidung üben könne. Das Üben an der konkreten Jacke oder Hose ist zweckgebunden. Das Üben am Rahmen ist für das Kind Arbeit und Spiel. Es wird für einen Fehler nicht ermahnt, sondern hat vielmehr die Möglichkeit zu üben, solange es möchte. Wenn es am Knopfrahmen das Zuknöpfen gelernt hat und dieses beherrscht, dann wird es dies ganz selbstverständlich in seinem praktischen Alltag anwenden. Gleiches gilt für Schleifen, Reißverschlüsse, Druckknöpfe und ähnliches. Wenn Kinder in Eile ihre Schuhe zubinden sollen, so ist dies eine ganz andere Motivation, als wenn Kinder sich den Schleifenrahmen holen, einen ruhigen Arbeitsplatz suchen und sich vielleicht eine halbe Stunde oder länger im Binden von Schleifen üben. Hier liegt der große Unterschied zwischen dem Ansatz Maria Montessoris und dem, was wir von Kindern manch-

mal über- und vorschnell erwarten. Durch unsere Unge-
duld und unser Drängen bringen wir die Kinder nicht zum
gewünschten Ziel. Montessori läßt den Kindern Zeit und
Raum, vor allen Dingen aber Freiheit, was die Häufigkeit
und Dauer der Übung anbelangt. Sie korrigiert nicht,
mahnt nicht, sagt nicht, daß das Kind es noch nicht könne
oder etwas falsch gemacht hat. Wenn das Kind seine Arbeit
mit Erfolg zu Ende gebracht hat, dann wird es freudig zur
Lehrerin oder Erzieherin laufen und ihr diese zeigen. Es
kann dann seine eigene Leistung, die es aus sich heraus
geschaffen hat, dem Erwachsenen präsentieren und vorstellen. Was lernt das Kind nun z. B. beim Schuhebinden?
Punkte des Interesses für das Kind sind der Schnürsenkel
und das Einfädeln, aber auch die Ösen im Schuh. Es koordiniert seine Hand, es lernt die Begriffe Öse und Schuh-
senkel, Schnürsenkel, Schuhbändel, verschiedene Möglichkeiten des Einfädelns usw. Die Fehlerkontrolle zeigt
ihm, daß z. B. die eine Seite des Schnürsenkels viel zu kurz
ist und sich nicht mehr binden läßt. Es zieht selbst die
Konsequenz und fädelt noch einmal aus. Irgendwann gelangt das Kind auch zu der Erkenntnis, daß es die Schnür-
senkellänge teilen muß, um die Aufgabe zu Ende zu führen. Gleiches gilt für Schnallen, Haken und Ösen usw.

Beim Tischdecken wird der Gemeinschaftssinn geübt. Es
macht Kindern Freude, den Tisch besonders hübsch zu
decken und dann aus dieser Arbeit auch einen Nutzen zu
ziehen. Aber auch hier gilt, daß die Kinder ausreichend
Zeit benötigen. Es darf nicht „hoppla hopp" gehen und den
Kindern das Gefühl vermittelt werden, daß sie mit ihrer
Tätigkeit den Erwachsenen die Arbeit abnehmen. Vielmehr sollen sie Freude an der Tätigkeit gewinnen und
dann von dieser Freude auch profitieren können.

So läßt sich abschließend zu den Übungen des praktischen Lebens sagen, daß sie wichtige Basiselemente vermitteln, die das Kind braucht, um den Weg in die Selbständigkeit zu finden, um unabhängig vom Erwachsenen zu werden, um sich selbst helfen zu können. Wie lange das Kind sich mit einzelnen Übungen beschäftigt, und wie oft es diese wiederholt, muß ihm selbst überlassen bleiben. Wenn das Kind sich sicher fühlt, dann wird es zur nächsten Übung übergehen oder sich eine neue Tätigkeit suchen. Solange es seine Übungen wiederholt, braucht es den Erfolg zu seiner Selbstbestätigung und zum Erlangen von Selbstsicherheit.

Rahmen mit Verschlüssen
An jedem Rahmen kann das Kind eine Verschlußart üben: Schleife, Schnallen, Druckknöpfe, Haken und Ösen, Reißverschlüsse etc. Das Kind kontrolliert seine Arbeit selbst, macht die Übung zum eigenen Nutzen und nicht zur Befriedigung der Erwartungshaltung eines Erwachsenen: „Übe die Schleife, dann kannst du endlich deine Schuhe selbst zumachen."

3.2 Die Welt schmecken, fühlen, riechen:
das Sinnesmaterial

Das Kind erforscht seine Umgebung mit den Sinnen. Es faßt alles an, will alles schmecken und riechen. Das Sinnesmaterial soll das Kind bei diesen Lernprozessen unterstützen, damit es statt einer vagen Ordnung eine klare und bewußte erwirbt. So nannte Montessori das Sinnesmaterial auch „materialisierte Abstraktion", weil das Kind durch die Erfahrung, die es damit erwirbt, zu klaren Abstraktionen kommen kann. Montessori will, daß das Material anziehend ist. Wenn es schmutzig, zerbrochen oder unappetitlich aussieht, verliert das Kind gewöhnlich das Interesse. Deshalb ist es von größter Wichtigkeit, das Material in seinem ursprünglichen Aussehen zu erhalten.

Das Ziel der Übungen, die zu klar voneinander abgegrenzten Abstraktionen führen, wird besser erreicht, wenn das Kind nicht nur mit dem Willen, sondern auch mit den Händen tätig ist. Die Kritiker Montessoris wenden ein, daß alle Eigenschaften, die das Montessori-Material aufweist, in größerer Fülle bei allen Gegenständen und in der Natur gefunden werden könnten. So seien die Blumen farbig, Töne und Geräusche höre man überall usw. Das Kind hätte somit eine viel weitere Erfahrung in der Natur als mit dem „begrenzten" Montessori-Material. Es muß aber klar darauf hingewiesen werden, daß die Erfahrungen mit dem Montessori-Material nicht ein Ersatz für die Eindrücke in der Umgebung des Kindes und in der Natur sein sollen. Vielmehr gibt Montessori-Material dem Kind einen Schlüssel für die Umgebung, so daß es fähig wird, die Eindrücke, die es von dort empfängt, in einer nahezu wissenschaftlichen Weise klar zu ordnen. Im Regelfall wird ein Erwachsener, der dem Kind helfen will, die Dinge zu unterscheiden, sie ihm zeigen und es auf Unterschiede aufmerksam machen. Auf diese Weise gelangt das Kind aber zu keiner klaren Ordnung. Das Kind muß durch Erfahrung lernen. Es lernt mit Hilfe des Dranges, den die Natur in das Kind gelegt hat, nämlich dem Wunsch, mit den Dingen zu hantieren. Nicht umsonst hat Montessori das Material so herstellen lassen, daß das Kind seine eigene individuelle Erfahrung damit machen kann, und hat aus diesem Grund auch die Eigenschaften isoliert, damit die Aufmerksamkeit auf sie gelenkt wird. Besonders wichtig ist allerdings, daß das Material auf eine bestimmte Weise dargeboten wird. Der Umgang damit muß dem Kind genau aufgezeigt werden. So muß z. B. beim rosa Turm jeder Kubus genau in die Mitte des vorhergehenden gestellt werden. Bei den langen Stangen muß darauf geachtet werden, daß alle Stangen von derselben Linie aus hingelegt werden.

Das Kind sucht häufig die Gesellschaft des Erwachsenen, der mit ihm spielt. Deshalb muß die Erzieherin sich dem Kind eine gewisse Zeit widmen und darf es nicht sofort verlassen, wenn sie ihm eine Übung dargeboten hat. Das Kind braucht noch eine Weile ihr Interesse, wenn auch vielleicht schon aus etwas Entfernung. Oft genügt ein Blick. Die Wörter, die mit dem Material verbunden werden, wie lang und kurz, dick und dünn, hoch und niedrig usw. werden dem Kind genannt, wenn das Interesse des Kindes am Material abnimmt. Dann nennt man die Namen mit Hilfe der Drei-Stufen-Lektion.

Wie wird nun das Sinnesmaterial dargeboten?

Es gibt keine genaue Vorschrift, in welcher Reihenfolge das Sinnesmaterial dem Kind vertraut gemacht werden soll. Die ersten Übungen sind jedoch am besten diejenigen, bei denen sich eine mechanische Fehlerkontrolle ergibt und nur ein Sinn beteiligt ist. Ein Beispiel ist der Zylinderblock. Dann kann man mit Materialien fortfahren, bei denen die Fehlerkontrolle von der Aufmerksamkeit und der Unterscheidungsfähigkeit des Kindes abhängt. Dies wären dann die langen Stangen, die braune Treppe oder der rosa Turm. Hieran schließt sich das Material für den Tastsinn, den Farbsinn, den Sinn für Klang, für Gewicht, für den Geruch und den Geschmack an, und noch später kommt das Material für mehrere Sinne wie die flachen Einsätze oder Materialien zum stereognostischen Sinn.

Zylinderblöcke

Material: Bei den Zylinderblöcken handelt es sich um vier in der Form gleiche Blöcke aus hellem polierten Holz, welche zehn mit Knöpfen versehene Zylinder enthalten. Jeder dieser Zylinder paßt in eine bestimmte Öffnung. Die vier Sätze Zylinder sollen alle Verschiedenheiten der Dimensionen, die es in Gegenständen gibt, „materialisieren".

Block A:
Alle Zylinder haben denselben Durchmesser, sie wachsen nacheinander regelmäßig um einen halben Zentimeter von niedrig zu hoch. Sie unterscheiden sich hier nur in einer Dimension, nämlich in der Höhe.

Block B:
Die Zylinder wachsen nacheinander im Durchmesser von dünn zu dick. Die Höhe der Zylinder bleibt gleich.

Block C:
Die Zylinder wachsen von dünn zu dick durch Veränderung des Durchmessers. Die Höhe verändert sich von hoch nach niedrig.

Block D:
Die Zylinder dieses Satzes nehmen sowohl im Durchmesser als auch in der Höhe zu.

Zylinderblöcke
Hier arbeitet das Kind bereits in der schwierigsten Stufe, nämlich der Kombination mit allen vier Zylinderblöcken. Konzentration, visuelle Wahrnehmung, aber auch mathematisches Grundverständnis sind Basis dieser Übung.

Am günstigsten beginnt man mit dem Block B, denn die Höhe der Zylinder bleibt dort dieselbe. Daher kann keiner der Zylinder in einer großen Öffnung verlorengehen. Nun zeigt man dem Kind, wie der Knopf des Zylinders zwischen Daumen, Zeige- und Mittelfinger und den ersten Fingern angefaßt wird. Vorsichtig nimmt man die Zylinder aus ihren Löchern und mischt sie. Dann beginnt man den dünnsten zu suchen, da man ihn am leichtesten erkennt. Man faßt ihn mit Daumen und zwei weiteren Fingern an und steckt ihn in das richtige Loch. Nun nimmt man einen nach dem anderen und paßt ihn ein. Je fortgeschrittener das Kind damit arbeitet, desto treffsicherer wird es die Zylinder einführen. Das Kind koordiniert dabei die Bewegung, lernt Dimensionen unterscheiden und abschätzen, ordnet die einzelnen Zylinder dem entsprechenden Zylinderhohlraum zu und eignet sich Begriffe wie hoch, niedrig, dick, dünn usw. an. Die Fehlerkontrolle zeigt dem Kind, daß der Zylinder z. B. nicht in ein Loch hineinpaßt oder Freiraum läßt, herausragt oder zu tief hineinrutscht. Je länger das Kind mit einem einzelnen Block gearbeitet hat, desto näher rückt die Möglichkeit, mit allen vier Zylinderblöcken gleichzeitig zu arbeiten.

Der rosa Turm

Der rosa Turm besteht aus 10 Würfeln, die rosafarben lackiert sind. Sie sind verschieden lang, breit und tief. Der kleinste dieser Würfel ist $1 \times 1 \times 1$ cm groß, der größte $10 \times 10 \times 10$ cm (damit entspricht die Größenzunahme der algebraischen Reihe in der 3. Potenz: der zweite Würfel ist achtmal so groß wie der erste, kleinste Würfel, der dritte 27mal so groß usw.). Auf einer Matte oder Unterlage werden die Würfel gemischt. Man beginnt mit dem größten Würfel und stellt ihn auf den Boden in einiger Entfernung zu den anderen. Dann nimmt man den der Größe am nächsten liegenden und stellt ihn sorgsam in die Mitte des ersten Blocks. Man fährt fort, indem man immer den nächstkleineren Würfel zu finden versucht. Dabei wächst der Turm. Macht man einen Fehler, so verkleinert sich der Abstand von den Kanten zum Kubus nicht in gleichem Maße.

Der rosa Turm
Nach einer Phase von Versuch und Irrtum – das Kind entdeckt seine Fehler selbst – gelingt es ihm, mit hoher Konzentration und exakter visueller Wahrnehmung einen Kubus auf den anderen zu setzen.

Das Kind nimmt die Disharmonie visuell wahr. Es schult dabei sein Sehvermögen und lernt die visuelle Verschiedenheit in der Größe durch den Gesichtssinn zu unterscheiden. Es ist dies eine erste Übung zur Vorbereitung des mathematischen Verstehens. Sprachlich erfaßt das Kind die Worte „groß" und „klein", aber auch die Komparative und Superlative.

Die braune Treppe

Auch die braune Treppe ist eines der bekanntesten Montessori-Materialien. Sie besteht aus 10 rechteckigen Holzklötzen derselben Länge, alle in brauner Farbe, aber verschieden in Breite und Höhe. Ähnlich wie beim rosa Turm würden vier des dünnsten Holzklotzes den nächstgrößeren Klotz ergeben (die Holzklötze wachsen damit im Umfang progressiv in der algebraischen Reihe der 2. Potenz).

Die Holzklötze werden ebenfalls auf einer Matte oder Unterlage gemischt. Wie schon erwähnt variieren sie in zwei Dimensionen: Breite und Höhe. Jetzt wird der größte Klotz ausgewählt. Man umfaßt mit der Hand seine Dicke, so daß der Umfang und die Dicke unbewußt aufgenommen bzw. absorbiert werden. Man legt den nächsten Klotz daneben, so daß die Seitenwände der Stufen ganz eben sind. Darauf muß besonders geachtet werden. Unser Interesse und unser Ernst an dieser Übung fördern auch die Aufmerksamkeit des Kindes, und es konzentriert sich auf die Wichtigkeit der Aufgabe. Man fährt fort, bis der kleinste Klotz auf seinem Platz ist. Wenn das Kind mit dieser Übung vertraut ist, kann man ihm zeigen, daß der kleinste Klotz das Maß der Höhe jeder Stufe ist und jeweils zwei aufeinander folgende Klötze trennt. Auch hier übt sich das Kind wieder in der visuellen Unterscheidung der Dimensionen, insbesondere der Dicke. Das Greifen fördert die Muskelerziehung, und die visuelle Wahrnehmung dient der Vorbereitung des mathematischen Denkens. Das Kind sieht selbst, wenn eine Disharmonie entsteht und die Stufenfolge nicht korrekt ist. Es braucht also nicht die Hilfe des Erwachsenen dazu.

Die braune Treppe
Natalie: „Das sieht ja richtig aus wie eine Treppe. Wie heißt das Material? Aha, es heißt Treppe. Und was ich spannend finde, die kleinste Stufe ist immer der Unterschied zu den anderen Stufen. Da kann man immer abmessen, ob man die Treppe richtig hingelegt hat."

Die langen Stangen

Bei diesem Material handelt es sich um 10 Stangen in roter Farbe. Sie unterscheiden sich nur in einer Dimension, nämlich in der Länge. Die kürzeste Stange hat eine Länge von 10 cm. Jede folgende Stange unterscheidet sich von der vorhergehenden genau um die Länge der ersten.

Die roten Stangen liegen in der Form einer Treppe an ihrem Platz. Man holt die Stangen von dort, mischt sie auf einer Matte, nimmt zuerst die längste mit einer Hand und legt sie hin. Dann nimmt man die nächste in der Länge und legt sie neben die erste, dann die nächste der entsprechenden Ordnung, bis die kürzeste Stange erreicht ist. Man zeigt und betont den Kindern gegenüber immer wieder, daß die Stangen an einem Ende alle in gleicher Ebene anfangen müssen. So kann man die verschiedenen Längen besser sehen. Jedesmal, wenn eine Stange hingelegt wurde, streicht man mit der Hand über die ganze Länge. Man schiebt die Stange in ihrer ganzen Länge so, daß sie die längere Stange, gegen die sie gelegt wird, berührt. Die verschiedenen Längen prägen sich im Unterbewußtsein ein durch den Muskeleindruck, der bei jeder Stange verschieden ist. In einer weiteren Übung werden die Stangen wieder gemischt und dann in die richtige Lage gebracht. Später kann man dem Kind die kürzeste Stange zeigen, die Maßeinheit für die Verschiedenheit in der Länge zwischen den aufeinander folgenden Stangen. Ziel ist, die Unterscheidung der Dimension durch den Gesichtssinn, nämlich die Länge zu erkennen. Die Übungen führen zu visueller und muskulärer Tätigkeit und helfen den „Längensinn" aufzubauen. Indirekt bereitet die Übung auf die Arbeit mit Zahlen vor. Wird ein Fehler gemacht, so ist die Disharmonie sichtbar und kann vom Kind selbst korrigiert werden. Natürlich lassen sich auch eine Reihe von Spielen mit den roten Stangen durchführen. So werden diese gemischt, die Erzieherin trägt die längste Stange in die andere Ecke des Raumes. Dann fordert sie das Kind auf, von den verbleibenden Stangen die längste Stange auszuwählen und zu ihr zu bringen. Das Spiel setzt sich fort, bis alle Stangen geholt wurden.

Farbmaterial – die Farbtäfelchen

Zu diesem Material führt Maria Montessori aus: „Folgendes Material, das ich nach einer langen Reihe von Versuchen an normalen Kindern festgelegt habe, führt zum Erkennen der Farben. Das endgültige Material besteht aus Täfelchen, die mit Seidenfäden in starken Farbtönen umwickelt sind. Die Täfelchen haben auf beiden Seiten einen Rand, damit die Farben niemals den Tisch berühren und auch, damit sie in die Hand genommen werden können, ohne dabei die Fäden anzufassen. So bleibt die Farbe lange Zeit einwandfrei.

Ich habe neun Farbtöne mit jeweils sieben verschieden starken Abstufungen ausgewählt, das ergibt also 63 Farbtäfelchen. Die Farben sind: grau (von schwarz bis weiß), rot, orange, gelb, grün, blau, violett, braun, rosa. Übungen: Es werden je zwei Täfelchen von drei Farben in der lebhaftesten Nuance, z.B. rot, blau und gelb ausgesucht und auf den Tisch vor das Kind gelegt. Man zeigt ihm eine Farbe und fordert es auf, auf dem Tisch die gleiche zu suchen, und so werden die Täfelchen zu zweit, also paarweise, in der gleichen Farbe in einer Reihe zusammengelegt. Dann erhöht man die Anzahl der Farbtäfelchen immer mehr, und zwar bis zu neun Farben, also 18 Täfelchen. Schließlich werden statt der lebhaftesten Farben die dunkelsten oder hellsten herausgesucht.

Danach zeigt man zwei oder drei Täfelchen gleicher Farbe, aber verschiedener Intensität, z.B. die hellste, die mittlere und die dunkelste Abstufung, die das Kind in die richtige Reihenfolge bringen soll, und dies bis zu den neun Abstufungen.

Die Farbtäfelchen
Hier versucht das Kind die Farbtäfelchen in den Abstufungen zu ordnen. Dabei stellt es fest, daß die Unterschiede häufig nur sehr schwer zu erkennen sind. Manche Kinder nehmen zwei scheinbar gleiche Täfelchen und bringen sie ans Fenster, um Unterschiede noch genauer differenzieren zu können.

Anschließend legt man vor das Kind die Abstufungen von zwei verschiedenen Farben (z.B. rot und blau), läßt sie in die Gruppen einteilen und in jeder nach ihrer Abstufung anordnen. Danach mischt man immer ähnlichere Farbtöne (z.B. blau und violett, gelb und orange usw.).

Ich sah, wie in einem ‚Kinderhaus‘ folgendes Spiel mit sehr großem Interesse erfolgreich und erstaunlich schnell zu Ende geführt wurde: Die Leiterin legte auf einen Tisch soviel Gruppen von Abstufungen, also soviel Farben, wie Kinder daran sitzen, z.B. drei. Die Lehrerin tut gut daran, jedem Kind zu sagen, welche Farbe ihm zugedacht ist, oder welche sie ausgesucht hat. Dann legt sie alle Gruppen zusammen, kunterbunt auf den Tisch. Jedes Kind nimmt sich rasch alle Abstufungen seiner Farbe heraus, legt sie auf ein Häufchen und ordnet dann die einzelnen Stücke, indem es sie so abgestuft nebeneinanderlegt, daß der Eindruck eines Bandes mit schattierten Farbtönen entsteht.

In einem anderen ‚Kinderhaus' sah ich, wie Kinder die ganze Schachtel mit den 63 Farben nahmen, sie auf den Tisch kippten, lange die Täfelchen mischten, um dann schnell die Gruppen wieder zusammenzustellen und entsprechend den Abstufungen anzuordnen, wobei sie so etwas wie einen Teppich von ineinander übergehenden Farbschattierungen auf dem Tisch aufbauten.

Es gelingt den Kindern schnell, eine erstaunliche Geschicklichkeit zu erwerben. Dreijährige sind in der Lage, alle Farben in ihren Abstufungen zu ordnen.

Man kann das *Farbengedächtnis* dadurch erproben, daß man einem Kind eine Farbe zeigt und es auffordert, auf einem weit entfernten Tisch, auf dem alle Farben aneinandergereiht sind, die gleiche herauszusuchen. Die Übung gelingt den Kindern, sie machen dabei nur kleine Fehler. Fünfjährigen macht diese Übung besonderen Spaß. Außerdem vergleichen sie gern zwei Farben und entscheiden über ihre Identität" (Maria Montessori, Die Entdeckung des Kindes, 1969, S. 143 ff).

Beim heutigen Montessori-Material sind die Täfelchen nicht mehr mit Seidenfäden umwickelt, sondern in den entsprechenden Farbabstufungen lackiert. Es gibt verschiedene Schachteln mit Täfelchen:

– Eine Schachtel, welche sechs Täfelchen enthält, ein Paar von jeder der drei Grundfarben – rot, blau, gelb.

- Eine Schachtel mit 22 Täfelchen, ein Paar von jeder Farbe – rot, orange, gelb, grün, blau, violett, rosa, grau, braun, sowie ein Paar schwarz und ein Paar weiß.

- Eine Schachtel mit acht Abteilungen, jede Abteilung enthält acht Täfelchen in der Abstufung einer Farbe, und zwar in jeder der oben genannten Farben, außer orange.

Bevor die Kinder mit den Täfelchen arbeiten, sollen sie sich die Hände waschen, damit die Farbe in ihrer Klarheit erhalten bleibt und nicht beschmutzt wird. Das Reinigen der Hände vor dem Umgang mit dem Material ist übrigens eine grundsätzliche Bedingung bei Maria Montessori. Aus ihrer Beschreibung des Umgangs mit den Farbtäfelchen wird deutlich, welche Vielfalt an Übungsmöglichkeiten in diesem Material versteckt ist. Bei der Beschäftigung mit den Farbtäfelchen eröffnet sich dem Kind die Welt der Farben, und es entwickelt eine Art „chromatischen Sinn" – Farbsinn. Die Fehlerkontrolle übernimmt das Auge des Kindes. Nach den Erfahrungen mit diesem Material wird das kindliche Auge auch in seiner Umgebung differenzierter nach Farben Ausschau halten und auch abgestufte Farbnuancen in der Natur noch intensiver wahrnehmen. So kommt es auch gleich zu einer Anwendung des Erfahrenen. Wichtig beim Umgang mit dem Material ist auch die Differenzierung der Begriffe: Das Kind lernt die Namen der Farben kennen und gleichzeitig die Abstufungen dunkel, dunkler, am dunkelsten usw.

Übungen und Materialien zur Förderung und Sensibilisie-
rung des Gesichtssinns und des stereognostischen Sinns
(Unterscheidung der Form)

Maria Montessori hat hierzu eine Vielzahl von Materialien
entwickelt oder weiterentwickelt. Über die Entstehung
und Anwendung führt sie selbst aus:

„Die flachen Einsatzfiguren und die geometrischen Formen – Anfangsmaterial: Flache Einsatzfiguren aus Holz

In der Schule für geistig Zurückgebliebene hatte ich diese
Einsatzfiguren in einer Form anfertigen lassen, wie sie
auch von meinen berühmten Vorgängern benutzt wurden;
ich hatte also zwei Platten übereinanderlegen lassen, von
denen die untere ganz aus einem Stück war, während in die
obere verschiedene Figuren eingeschnitten waren. In die
leeren Vertiefungen sollten die entsprechenden Holzfigu-
ren ganz genau passen, die zur leichteren Handhabung mit
einem Messingknopf versehen waren.

Séguin benutzte einen Stern, ein Rechteck, ein Viereck,
ein Dreieck und einen Kreis in verschiedenen Farben, so
daß Farbe und Form zusammenpaßten; die Vertiefungen
waren außerdem alle in denselben Platten.

In meiner Schule für geistig Zurückgebliebene hatte ich
eine größere Anzahl von Platten genommen und sie nach
dem Verwendungszweck – Farben oder Formen – unterschieden. Die Einsatzfiguren für Farben bestanden alle aus
runden Plättchen, die für Formen hingegen waren alle von
derselben Farbe (blau). Ich hatte eine große Zahl von Täfelchen in mehreren Farbabstufungen herstellen lassen und
dabei immer mehr Figuren derselben starren Tafel zusam-
mengefaßt und fixiert.

Flache Einsatzfiguren aus Holz

Natalie: „Man kann mit den Augen sehen, ob die Einsätze hineinpassen. Man kann aber auch mit den Fingern die Kanten entlangfahren und dann auch die Vertiefungen ertasten und so erkennen, welcher Einsatz in welche Öffnung gehört."

Aber bei meinen neuen Experimenten an normalen Kindern habe ich nach zahlreichen Versuchen die flachen Einsatzfiguren für die Farben vollständig ausgeschieden, da dieses Material keinerlei Fehlerkontrolle bietet, weil das Kind die Vergleichsfarbe verdecken muß.

Endgültiges Material. – Hingegen habe ich die flachen Einsatzfiguren für die Formen beibehalten, allerdings das Material durch Trennung der einzelnen Figuren verändert, und somit für jede Einsatzfigur einen einfachen Rahmen gemacht, der mit der Figur übereinstimmte, ähnlich wie Schreiner dies bei ihren exakt eingepaßten Arbeiten tun, die ein erster Beweis ihrer Geschicklichkeit sind.

Jede Platte mit verschiedenen Formen (Quadrate, Rechtecke, Kreise, Dreiecke, Trapeze, Ovale usw.) war glänzend himmelblau lackiert, während die Rahmen für jedes einzelne Stück alle dieselben Abmessungen hatten, quadratisch und weiß waren. So ließen sich die voneinander getrennten Teile in verschiedene Kombinationen ordnen und die Gruppierungen vervielfältigen, da die viereckigen Rahmen leicht nebeneinander gelegt werden konnten.

Um die Gruppen zu verbinden, ließ ich Holzplatten herstellen, auf denen sechs Quadrate Platz fanden, die also sechs Figuren in zwei übereinanderliegenden Dreierreihen aufnehmen konnten. Wenn die Rahmen darauf liegenbleiben, nachdem die Einsätze weggenommen sind, tritt der blaue Grund dieser Holzbretter deutlich hervor und entspricht in Form und Farbe den Einsätzen. Für die allerersten Übungen ließ ich einen Rahmen herstellen, dessen rechteckige Grundfläche die gleichen Abmessungen wie die vorgenannten Platten aufwies; um den in dunkelblau gehaltenen Grund läuft ein ca. einen halben Zentimeter starker und zwei Zentimeter breiter erhabener Rahmen, darauf wird ein eingerahmter Deckel an einem Scharnier befestigt, der sich aus kleinen, ca. zwei Zentimeter starken Leisten zusammensetzt. Diese stoßen so aneinander, daß sie sich mit dem unteren Rahmen vollkommen decken. Das Oberteil ist durch eine Längs- und zwei Querleisten in sechs gleiche Quadrate unterteilt. Dieser Fensterdeckel dreht sich um ein kleines Scharnier und wird auf der Vorderseite mit einem kleinen Haken geschlossen. Auf dem blauen Grund lassen sich genau sechs Platten von ca. 10 Zentimeter Seitenlänge und sechs Millimeter Stärke einpassen, die von dem Deckel, wenn er geschlossen ist, festgehalten werden, denn jede ein Fensterchen bildende kleine Leiste überdeckt die äußeren Enden von zwei nebeneinanderliegenden Platten, die somit sicher befestigt sind. Das Ganze läßt sich dadurch wie ein einziges Stück handhaben.

Außer dem Vorteil, den die anderen beschriebenen Platten aufweisen (also, daß sie alle möglichen Kombinationen geometrischer Figuren durch Umlegen der Einzelrahmen erlauben), weist dieser Rahmen noch den weiteren Vorteil auf, daß er gewährleistet, daß sich die Einzelrahmen nicht verschieben können.

Der Rahmen und die äußeren und inneren Rahmenränder sind mit weißem Emaillelack angestrichen, während die Einsätze (die flachen geometrischen Figuren) blau wie der Grund des Rahmens sind.

Ich ließ auch hier volle Platten in demselben Blau anfertigen, weil es dadurch möglich wird, nur eine, zwei, drei, vier oder fünf anstatt sechs Figuren in den Rahmen einzupassen. Es ist nämlich sehr zweckmäßig, während der ersten Lehrübungen nur zwei oder drei Figuren aufzulegen, die kontrastieren oder zumindest von sehr unterschiedlicher Form sind (z. B. Kreis und Quadrat oder Kreis, Quadrat und gleichschenkeliges Dreieck).

Auf diese Weise lassen sich die Kombinationsmöglichkeiten vervielfältigen.

Dann habe ich ein Schränkchen mit sechs Fächern vorbereitet, es kann aus Holz oder Karton sein. Es besteht im wesentlichen aus einem Kasten, dessen Vorderteil sich nach vorne herunterklappen läßt, genau wie bei den von Anwälten benutzten Kästen. Jede der sechs auf kleinen waagerechten Leisten übereinanderliegenden Platten kann sechs Einsätze aufnehmen: Auf die erste Fläche ließ ich die vier vollen Platten sowie zwei weitere mit einem Trapez und einem Rhombus legen; auf die zweite ein Quadrat und fünf Rechtecke gleicher Höhe und abnehmender Breite; auf die dritte sechs Kreise mit abnehmendem Durchmesser; auf die vierte sechs Dreiecke; auf die fünfte Vielecke vom Fünf- bis zum Zehneck; auf die sechste elliptisch, oval gekrümmte Figuren und eine Blumenfigur (vier gekreuzte Bogen) [...]

Übung mit den Einsatzfiguren. – Sie besteht darin, dem Kind den Rahmen mit verschiedenen Figuren zu zeigen, die Teile herauszunehmen, sie gemischt auf dem Tisch auszubreiten und es aufzufordern, sie wieder auf ihren Platz zu legen.

Dieses Spiel eignet sich auch für Kinder unter drei Jahren, es regt ihre Aufmerksamkeit intensiv an, wenn auch weniger als die Einsatzblöcke. Ich habe nie gesehen, daß in diesem Fall die Übung öfters als fünf- bis sechsmal hintereinander wiederholt wurde.

Das Kind verbraucht nämlich sehr viel Energie bei dieser Übung. Es muß die Formen erkennen und lange beobachten. Zu Beginn gelingt es vielen Kindern, die Teile einzupassen, indem sie z.B. nacheinander ausprobieren, ob sich ein Dreieck in ein Trapez, ein Rechteck usw. einsetzen läßt. Oder aber, wenn sie ein Rechteck nehmen und erkennen, wohin es gehört, dann legen sie es jedoch mit der langen Seite gegen die kurze, und erst nach vielem Probieren gelingt es ihnen, die richtige Stellung zu finden. Nach drei oder vier aufeinanderfolgenden Versuchen erkennt das Kind die geometrischen Figuren sehr leicht; es legt die Einsatzstücke mit Sicherheit auf und läßt dabei einen Ausdruck von Gleichgültigkeit, von Verachtung für die allzu leichte Übung erkennen.

Dies ist der Moment, in dem das Kind einer methodischen „Beobachtung" der Formen näherkommen kann, indem es die Figuren auf dem Tisch in geeigneter Weise auswechselt – und von Kontrasten zu Analogien übergeht. Dann wird die Übung leicht für das Kind, das sich daran gewöhnt, die Figuren zu erkennen und mühelos ohne vorheriges Probieren die Einsätze auf den entsprechenden Platz legt.

In der ersten Zeit – also während der Versuche – in der dem Kind Figuren mit kontrastierender Form gezeigt werden, wird das Erkennen sehr stark gefördert, wenn zu den visuellen Wahrnehmungen auch noch die Tast- und Muskelwahrnehmungen kommen. Ich lasse mit dem Zeigefinger der rechten Hand sowohl die Umrisse des Einsatzes als auch den diesem entsprechenden Innenrand des Rahmens, in den er eingefügt werden soll, abtasten und verfahre dabei so, daß dies dem Kind zur Gewohnheit wird. Das läßt sich praktisch leicht erreichen, weil die Kleinen die Dinge sehr gern berühren. Einige Kinder, die eine Figur beim Anschauen noch nicht erkennen, tun dies jedoch beim Betasten, also wenn sie die erforderliche Bewegung ausführen, um den Umrissen zu folgen. Sind sie in Verlegenheit, weil sie nicht wissen, wie sie ein Stück einsetzen sollen, das sie vergeblich nach allen Seiten drehen, dann gelingt ihnen das Vorhaben, sobald sie den Umriß des Einsatzes und den des Rahmens betasten. Ohne Zweifel unterstützt die Assoziation des Tast- und Muskelsinnes mit dem visuellen diesen ganz beträchtlich bei der Wahrnehmung der Formen und hält sie im Gedächtnis fest. Bei diesen Versuchen gibt es eine absolute Kontrolle, genau wie bei den Einsatzblöcken: Die Figur kann nur in den entsprechenden Rahmen passen; das Kind kann also allein üben und wirkliche Selbsterziehung der Sinne beim Erkennen der Formen erreichen." (Maria Montessori, Die Entdeckung des Kindes, 1969, S. 145 ff).

In ähnlich ausführlicher Weise hat Maria Montessori alle ihre Materialien beschrieben, um so die richtige Anwendung bzw. den richtigen Einsatz sicherzustellen. Sie legt größten Wert auf die korrekte Darbietung. Dabei kommt es ihr auf das Umfahren der Konturen der Einsätze ebenso an wie auf das Umfahren der Vertiefungen in den einzelnen Platten bis hin zum richtigen Greifen des Einsatzes mit den Fingern. Sie erweitert die Arbeit mit dem Material durch den Einsatz von Karten. Zum Material gehören drei Sätze von Karten. Zuerst wird ein Satz eingeführt, bei dem Figuren ganz ausgefüllt sind. Man nimmt einige der Karten, legt sie auf den Tisch und fordert das Kind auf, die hölzerne Figur auf eine Karte zu legen, um zu sehen, ob sie paßt, und mit zwei Fingern die Konturen zu ertasten. Allmählich werden immer mehr Karten hinzugefügt, bis der ganze Satz gebraucht wird. Eine andere Übung läuft in entgegengesetzter Richtung; man nimmt die Figuren und holt die Karten dazu. Wenn die Kinder mit dem Satz vertraut sind, wird der Satz eingeführt, bei dem die Figuren mit einer breiten Linie aufgezeichnet sind, und schließlich der Satz, bei der sie mit einer schmalen Linie umrandet sind. Nun ist die Zeit gekommen, auch entsprechende Spiele einzuführen. Ziel dabei ist die Entwicklung des Gesichtssinnes und der Formensinne. So ist dieses Material sehr dienlich für die Vorbereitung auf die Geometrie und gleichzeitig auch die indirekte Vorbereitung auf das Schreiben.
Wenn das Kind sich an einem Satz oder mehrere Sätze von Figuren gewöhnt hat, so kann folgendes Spiel gemacht werden: Man legt die drei Kartensätze, die zu der besonde-

ren Figur, die man gewählt hat, gehören, zu dem Spiel auf dem Fußboden aus. Die Lehrerin nimmt die Schublade mit den Einsätzen für das Spiel mit sich in ein anderes Zimmer. Sie nimmt einen Einsatz, läßt das Kind damit hantieren, damit sich die betreffende Figur seinem Gedächtnis einprägt. Dann fordert sie es auf, den Umriß zu berühren, nimmt die Einsatzfigur wieder an sich und das Kind holt aus dem anderen Zimmer die Karte, die zur Figur paßt. Das Spiel kann immer mehr erschwert werden, in dem man mehr Karten und Schubladen hinzufügt, bis letztlich alle drei Sätze der Karten und alle Schubladen gleichzeitig gebraucht werden. Dies ist im übrigen ein Spiel, das sehr gut mit zwei oder mehr Kindern zusammen gespielt werden kann. So wird auch deutlich, daß die Materialien das Kind nicht „zur Einsamkeit" führen, weil es, wie Kritiker oft meinen, nur für einzelne Kinder zum individuellen Spiel geeignet sei.

Wichtig bei diesem Material – wie auch bei anderen Materialien – ist die korrekte Einführung. Danach ist es der Phantasie der Lehrerin überlassen, entsprechende Varianten spielerisch einzuführen oder die Kinder anzuregen, solche zu entwickeln.

Die geometrischen Körper

Auch die geometrischen Körper dienen der Förderung und Sensibilisierung des Gesichtssinns und des stereognostischen Sinns. Das Material setzt sich aus verschiedenen geometrischen Körpern zusammen: Kugel, Ei, Ellipsoid, Kubus, rechtwinkliges Prisma, Kegel, dreieckige Pyramide, viereckige Pyramide, dreiseitiges Prisma, Zylinder usw. Dazu gehört ein Satz mit hölzernen Täfelchen, welche dieselbe Form haben wie die Grundfläche der geradlinigen Körper. Weiterhin benötigt man zwei Körbe und ein Tuch.

Geometrische Körper zur Förderung und Sensibilisierung des Gesichtssinns und des stereognostischen Sinns
Hierbei lernt das Kind die verschiedenen Körper kennen und gleichzeitig auch deren Grundfläche.

Auch hier hängt es von der Darbietung der Lehrerin ab, ob der Umgang mit diesem Material und die daran anschließende Übung gelingen. Am besten beginnt man mit zwei oder drei der Körper und läßt das Kind damit frei hantieren. Dann nimmt der Erwachsene zwei der Körper gleichzeitig und erklärt dem Kind die Namen mit Hilfe der Drei-Stufen-Lektion. Etwas später legt man die Körper, die das Kind bereits kennt, in den zweiten Korb und bedeckt ihn mit einem Tuch. Das Kind greift nun unter das Tuch und fühlt und identifiziert mit seinem stereognostischen Sinn jede Form, benennt sie und stellt sie dann auf den Tisch. Nach einiger Zeit führt man weitere Körper ein, bis dem Kind alle Formen vertraut sind. So nimmt das Kind wahr, welche geometrischen Körper es auch in seiner Umwelt findet. Es wird Parallelen ziehen zu Erfahrungen, die es in seiner Umgebung gemacht hat. Es folgt dann die Zuordnung der Körper zu den jeweiligen Grundflächen. Anfänglich wird das Kind hier mehrere Versuche benötigen, im fortgeschrittenen Zustand wird es spontan den jeweiligen Körper auf die richtige Grundfläche aufsetzen.

Obwohl dieses Material sehr kompliziert erscheint, ist es bereits geeignet für Kinder ab ca. zwei Jahren. Natürlich muß die Zahl der Körper anfangs reduziert werden.

Eine Variante zu diesem Material ist der „geheimnisvolle Beutel". Kinder befühlen gerne und erraten dann. Hierzu eignet sich ein Beutel, der ansprechend aussieht. Im Beutel befindet sich eine Vielzahl von verschiedenen Dingen aus dem Lebensumfeld des Kindes. Man wählt sie nach den Interessenschwerpunkten der Kinder aus. So können sich im Beutel befinden: ein Schlüssel, eine Murmel, eine kleine Holzfigur, ein Tannenzapfen, ein Stein, aber auch eine Nuß oder ein Pflaumenkern, eine Kerze, ein Wollknäuel, ein Fingerhut usw. Der Inhalt dieser Beutel sollte in regelmäßigen Abständen ausgetauscht werden. Weiterhin braucht man ein Tuch zum Verbinden der Augen. Die Lehrerin bindet sich selbst die Augen zu, steckt ihre Hand erwartungsvoll in den Beutel und nimmt einen Gegenstand heraus. Sie befühlt ihn und überlegt, was es sein kann. Die Kinder werden ihr sagen, ob sie recht geraten hat. Wenn sie recht geraten hat, so kann sie mit ihrer Übung fortfahren. Die Augenbinde nimmt sie dann ab, wenn der Beutel leer ist. Auf diese Art und Weise hat sie den Kindern gezeigt, wie mit dem Material gespielt bzw. gearbeitet werden kann. Die Kinder werden sie nachahmen. Auch hier liegt die Fehlerkontrolle wieder in der entgegengesetzten Sinneswahrnehmung, nämlich im visuellen Erkennen des Gegenstandes. Das Kind kann also selbst kontrollieren, ob es beispielsweise den Tannenzapfen richtig ertastet hat, indem es den Gegenstand betrachtet und sich bestätigt fühlt. Es ist nicht notwendig, daß die anderen Kinder dem Kind sagen, was es falsch gemacht hat oder gar, daß die Lehrerin oder Erzieherin darauf aufmerksam macht.

Samenkörner oder Bohnen

Auch Materialien aus der Natur eignen sich hervorragend zur Förderung des stereognostischen Sinns. Montessori schlägt dazu folgendes vor: Notwendig ist eine Anzahl von Schälchen. In jedem Schälchen ist eine kleine Menge Korn einer ganz besonderen Art: Weizen, Reis, Gerste, Linsen, Erbsen, Bohnen, Kaffeebohnen, Senfsamen usw. Das Kind beginnt damit, daß es einige Körner mit der linken Hand nimmt und diese mit den Fingern der rechten Hand befühlt und berührt. Dann wird das Kind aufgefordert, dabei die Augen zu schließen, so daß es die Körner nur noch mit den Fingern „sieht". Das Kind befühlt auf diese Art und Weise alle vorhandenen Körner oder Samensorten.

Die Schälchen auf dem Tablett stehen in einer bestimmten Reihenfolge geordnet, so daß das Kind sich den Standort einprägen kann. Dieser Standort wird auch nicht verändert. Dann nimmt man eine leere Schale und zeigt dem Kind, daß man ein paar Körner, nicht viele, aus jeder Schale herausnimmt und sie in die leere Schale gibt und vermischt. Man gibt die Schale dem Kind und läßt es mit den Körnern hantieren, wenn es das möchte. Nun wird das Kind aufgefordert zu versuchen, die Körner mit verbundenen Augen in die Schale zurücklegen, wo sie hingehören. Man läßt es erst beobachten, wie man selbst diese Übung gut oder schlecht macht. Also ist wieder die Drei-Stufen-Lektion gefragt, in der die Erzieherin oder Lehrerin modellhaft den Umgang mit dem Material vorstellt. Es ist dabei nicht wichtig, daß das Kind sich den Namen des Kornes oder des Samens einprägt, fragt es aber danach, so muß es die korrekte Antwort durch die Lehrerin erhalten. Je älter das Kind ist, desto intensiver wird es nach den Namen fragen und sich diese auch einprägen.

Brettchen mit glatten und rauhen Flächen

Dieses Material dient der Förderung und Sensibilisierung des Tastsinns. Das Material besteht aus vier rechteckigen Brettchen. Das eine Brettchen ist in zwei gleiche Quadrate geteilt. Eins dieser Quadrate ist mit glattem Papier bezogen oder das Holz glattpoliert, das andere Quadrat ist mit Sandpapier beklebt. Ein weiteres Brettchen ist in 11 schmale Flächen aufgeteilt, die abwechselnd rauh und glatt sind. Das dritte Brettchen ist ebenfalls in 11 schmale Flächen eingeteilt, die in Abstufungen aufgerauhte Oberflächen haben. Das letzte Brettchen ist auch in 11 Flächen aufgeteilt, die in Abstufungen glatte Flächen haben.

Bei allen Übungen, die den Tastsinn trainieren sollen, verlangt Maria Montessori, daß sich die Kinder vorher die Hände waschen und diese kräftig abtrocknen. Dabei kommt es ihr auf die besondere „Massage" der Finger an, um die Sensibilität der Fingerspitzen zu erhöhen, bevor die Kinder mit der Übung beginnen.

Die Lehrerin hält das erste Brettchen in einer Hand und streicht mit den Fingern der anderen Hand ganz vorsichtig mit den Fingerspitzen über die glatte Oberfläche. Dabei bewegt sie die Hand von oben nach unten und wiederholt die Bewegung mehrere Male. Dann geht sie auf den zweiten Teil des Brettchens über und berührt mit den Fingern ebenso vorsichtig die rauhe Oberfläche. Die Bewegung muß ganz zart durchgeführt werden, so als würden die Finger über die Oberfläche schweben. Mit dieser schwachen Berührung nimmt das Kind sehr viel stärker die Oberflächenstruktur wahr, als wenn es mit Druck über die Oberfläche streichen würde. Das Kind wiederholt diese Übung mehrere Male, bevor das nächste Brettchen eingesetzt wird, das abwechselnd glatte und rauhe Flächen hat. Wieder wird leicht die Oberfläche berührt, diesmal aber nur mit den zwei ersten Fingern, da die Streifen ja sehr eng sind. Dann geht es von einem Abschnitt zum andern bis zum Ende des Brettchens. Später gibt man dem Kind das Brett mit den verschiedenen Abstufungen der rauhen Oberflächen und läßt es den Unterschied erfahren. Sandpapier hat eine recht unterschiedliche Körnung, so daß diese Erfahrungen für das Kind sehr beeindruckend sind. Während das Kind diese Übungen durchführt, sollte man es vorsichtig darauf hinweisen, die Oberfläche so leicht wie möglich zu berühren. Je leichter es nämlich berührt, desto besser kann es fühlen, und auf einer späteren Stufe wird ihm das sehr helfen – besonders wenn es dann die Übung mit geschlossenen Augen wiederholt. Diese Art der Übung, bei der der Tastsinn entwickelt und

Sandpapiertäfelchen

Die Sandpapiertäfelchen haben verschiedene Abstufungen. Mit dem Auge ist die unterschiedliche Körnung des Sandpapiers erkennbar und dient somit der Fehlerkontrolle. Es gilt allerdings, mit geschlossenen Augen die Unterschiede der Täfelchen mit den Fingerspitzen zu ertasten, sie zu reihen oder auch paarweise einander zuzuordnen. Das Schließen der Augen führt zur Konzentration auf einen Sinn, nämlich den Tastsinn.

die Muskelbewegung trainiert wird, dient indirekt auch der Vorbereitung auf das Schreiben. Man kann diese Übungen bereits mit Kindern ab dem 2. Lebensjahr beginnen.

Die Begriffe „rauh" und „glatt" werden erst zu einem späteren Zeitpunkt eingeführt. Sie müssen nicht parallel mit der Tastübung vom Kind erfaßt werden. Auch die Komparative und Superlative werden zu einem späteren Zeitpunkt eingeführt.

Rauhe und glatte Karten oder Täfelchen

Der Grundstock des Materials besteht hier aus fünf Paaren von Täfelchen in zwei Kästen, deren Oberflächen ganz verschieden sind. Die Täfelchen können aus Karton oder dünnem Sperrholz bestehen. Wichtig ist, daß sie in Größe und Dicke gleich sind und mit verschiedenen Oberflächenstrukturen beklebt sind. Übrigens ist dies ein Material, das sich auch sehr leicht von den Kindern selbst herstellen läßt. Von jeder Art Oberfläche gibt es zwei Täfelchen. Wenn möglich, soll die Farbe der Oberfläche jedes Paares etwas verschieden sein von den anderen Paaren. Dies erleichtert dann zusätzlich zum Erspüren noch das Erkennen des Fehlers.

Wieder beginnt die Übung mit dem Waschen der Hände. Dann bekommt jedes Kind nacheinander die Täfelchen zum Betasten. Wie zuvor bereits, geht man von der Abstufung von rauh zu glatt oder glatt zu rauh. Aufgabe des Kindes ist es dann, nachdem es die einzelnen Täfelchen ausprobiert hat, die Paare mit geschlossenen Augen zusammenzuführen. Bei der visuellen Betrachtung kann es dann kontrollieren, inwieweit es die richtigen Strukturen ertastet und einander zugeordnet hat. Es gibt hier eine ganze

Reihe von weiteren Möglichkeiten, solche Spiele selbst herzustellen oder gemeinsam mit den Kindern zu entwikkeln.

Kasten mit Stoffen

Aus Stoffresten werden hier gleich große Stücke zugeschnitten, jeweils zwei Stücke vom gleichen Material: Seide, Leinen, Samt, Sackrupfen und ähnliches. Wieder waschen sich die Kinder ihre Hände und betasten dann die verschiedenen Stoffe mit ihren Fingern bzw. Fingerspitzen. Nachdem sie die verschiedenen Strukturen erfaßt haben, gilt es wieder, die Stoffe paarweise zusammenzufinden. Erschwert wird das Ganze noch, wenn die Übung mit geschlossenen Augen durchgeführt wird. Die Fehlerkontrolle liegt wieder im Erkennen, daß die Farbe und Struktur beispielsweise von zwei Stoffen nicht übereinstimmt. Eine Variante der Übung wäre auch, dem Kind ein Stoffstück in die Hand zu geben, es dieses befühlen zu lassen und es dann zu beauftragen, blind den Partnerstoff dazu zu finden. Dieses Material kann in jeder Tageseinrichtung eingeführt und mit minimalem Aufwand selbst hergestellt werden. Auch bei dieser Übung gilt, daß sie bereits für Kinder ab dem 2. Lebensjahr möglich ist. Übrigens ist die Übertragbarkeit in den Alltag hier ebenfalls gegeben: Das Kind kann Textilien vergleichen, mit denen es täglich zu tun hat. Es beginnt bei dem Handtuch im Bad, bei der Bettwäsche, es erkennt, daß Kopfkissen und Bettbezug in der Struktur übereinstimmen, sich gleich anfühlen, während beispielsweise das Frotteebettuch eine ganz andere Struktur hat. Das Kind erkennt und lernt somit, daß verschiedene textile Materialien nicht nur in Farbe und Struktur unterschiedlich aussehen können, sondern sich auch unterschiedlich anfühlen.

Die barischen Brettchen

Die barischen Brettchen dienen der Übung des Sinnes für die Schwere. Das Material besteht aus drei Kästen, in jedem sind 10 einzelne Brettchen enthalten. Jeder Satz Brettchen ist aus anderem Holz, so daß die drei Sätze in Gewicht und Holzfarbe voneinander verschieden sind. Auch hier gilt es, vor der Übung wieder die Hände zu waschen und kräftig abzutrocknen, da dies die Blutzirkulation anregt und die Sinne aufnahmefähiger macht. Man nimmt am Anfang nur zwei Sätze, die leichtesten und die schwersten. Das leichtere Holz ist in der Regel heller (z. B. Limba), das dunklere Holz ist in der Regel schwerer (z. B. Teakholz). Am Anfang werden die Brettchen nicht gemischt, sondern es wird vielmehr dem Kind gezeigt, daß sie verschieden sind – nicht nur in der Farbe, sondern auch in etwas anderem, nämlich dem Gewicht. Dies muß man dem Kind gar nicht erklären, es wird es selbst feststellen, wenn man ihm jeweils ein leichtes und ein schweres Brettchen auf die jeweilige Hand legt. Oder wenn es die verschieden schweren Brettchen jeweils mit zwei Fingern in die Höhe hebt. Es erkennt einen Unterschied und kann ihn oft nicht beschreiben, da ihm Begriffe wie „Gewicht" oder „leicht" und „schwer" noch nicht vertraut sind. So kann es sein, daß das Kind gefühlsmäßig das leichte Brettchen dem leichten zuordnet und das schwere dem schweren, ohne dies entsprechend sprachlich ausdrücken zu können. Dies macht jedoch nichts aus, denn die sprachliche Darstellung ist erst zu einem späteren Zeitpunkt von wirklicher Bedeutung. Die Übungen zum barischen Sinn eignen sich auch als Partnerspiele. Ein Kind hat die Augen geschlossen und streckt beide Hände von seinem Körper weg, die Arme berühren nicht den Körper. Ein anderes Kind legt auf jede der ausgestreckten Hände ein Brettchen mit der Aufgabe, festzustellen, ob beide gleich sind. Das Kind kann die Unterschiede erkennen und benennen. In der Farbe des Holzes liegt die Fehlerkontrolle. Ist das Kind geübt im Umgang mit den leichtesten und den schwersten Brettchen, kann man das mittelschwere einfügen und dann nach und nach die Unterschiede immer kleiner werden lassen. Dies erfordert beim Kind eine hohe Sensibilität. Hier ist anzumerken, daß es uns als Erwachsene sehr schwerfallen wird, diese Zuordnungen zu treffen. Wir dürfen also nicht voreilig die Meinung vertreten, daß diese Aufgabe zu schwer für das Kind oder zu langweilig ist. Genau das Gegenteil ist der Fall. Die Kinder entwickeln eine hohe Motivation bzw. den Ehrgeiz, diese geringen Gewichtsunterschiede auch wirklich zu erkennen, zu erspüren, zu absorbieren. Der barische Sinn entwickelt sich, indem man die Aufmerksamkeit ausschließlich auf das Gewicht lenkt. So öffnet sich ein Weg zur Konzentration auf diesen einen Sinn. Diese Koordination zwischen den Sinnen des Körpers und dem Geist hilft dem Kind in seiner Entwicklung.

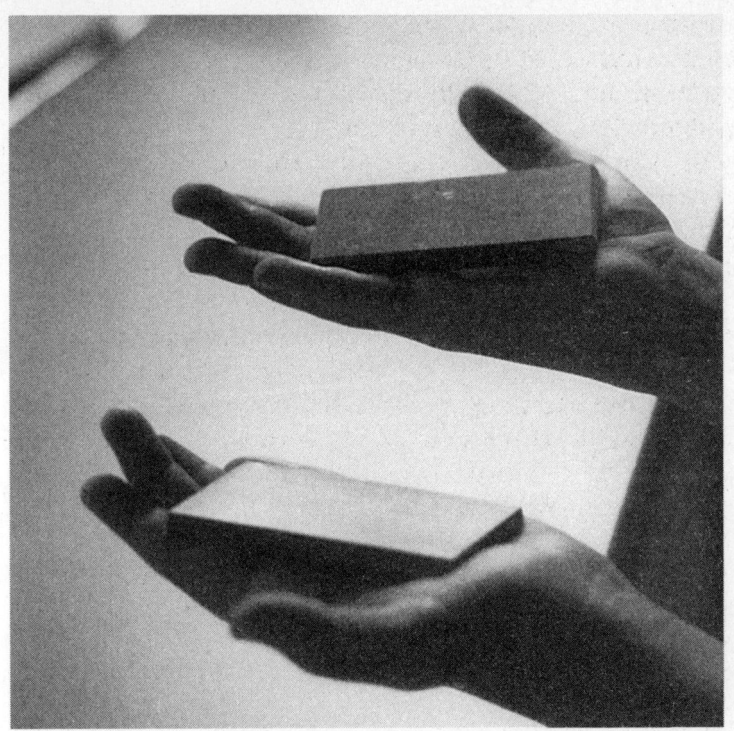

Die barischen Brettchen

Natalie: „Die sind alle gleich groß, haben aber eine unterschiedliche Farbe." Mit der Drei-Stufen-Lektion wird das Material eingeführt und somit auch auf das unterschiedliche Gewicht aufmerksam gemacht. In der praktischen Übung mit dem Material kann das Kind nun eigene Erfahrungen damit machen. Da die Hölzer unterschiedliche Farben haben, dient die visuelle Wahrnehmung der Fehlerkontrolle.

Die Geräuschdosen

Mit ihren Materialien versucht Maria Montessori alle Sinne zu fördern.

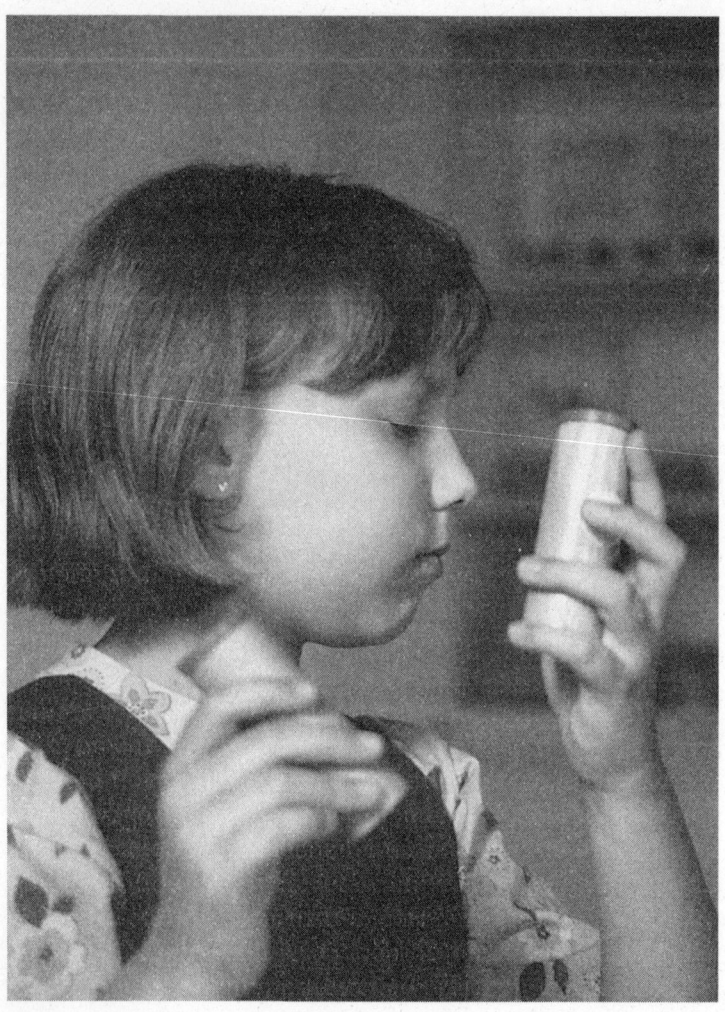

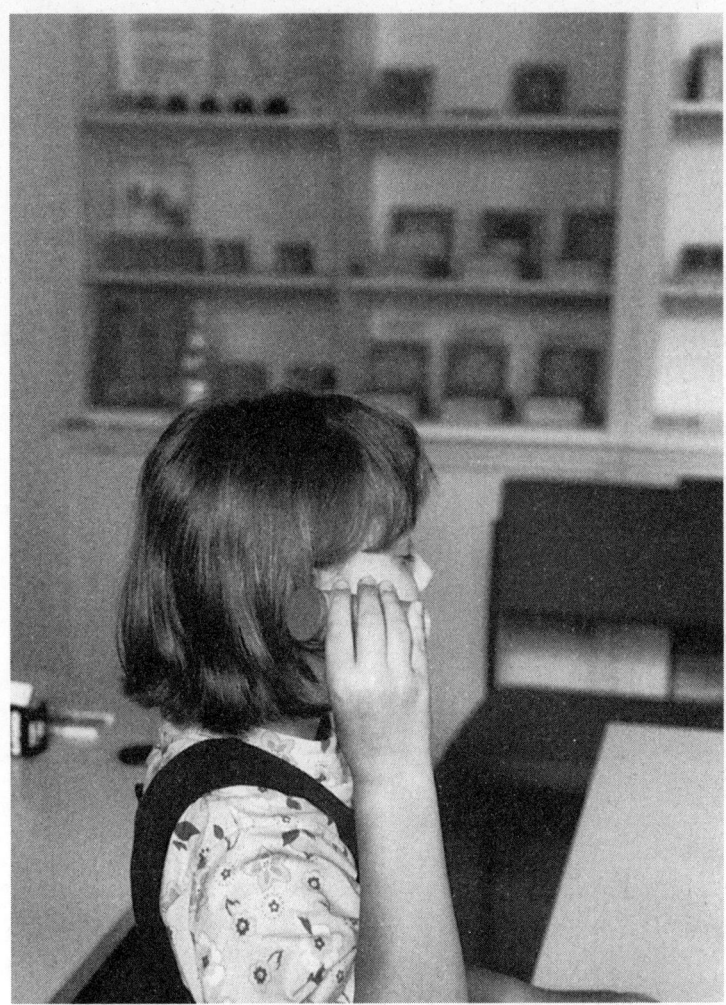

Die Geräuschdosen

Hier ist besonders darauf zu achten – vor allem, wenn man die Dosen selbst herstellt –, daß die gleiche Menge an Materialien in den Geräuschbüchsen enthalten ist. Kindern macht es viel Spaß, diese z.B. aus leeren Filmdosen selbst herzustellen und die Inhalte abzuzählen bzw. abzuwiegen.

Sie führt dazu aus:

„Die Ausbildung des Gehörs zeigt uns speziell die Beziehungen des Menschen zu einer in Bewegung befindlichen Umgebung, die als einzige Töne und Geräusche erzeugen kann. Denn wo alles stillsteht, herrscht absolute Stille. Das Gehör ist also ein Sinn, der Wahrnehmungen nur aus der Bewegung entfalten kann, die um den Menschen herum erfolgen.

Eine Ausbildung des Gehörs hat ihren Ausgangspunkt in der ‚Stille', wenn sie von der ‚Unbeweglichkeit' ausgeht, um zur Wahrnehmung der durch Bewegungen verursachten Geräusche oder Klänge zu kommen.

Wir werden auch später noch von der (vielseitigen) Bedeutung sprechen, die in unserer Methode der ‚Stille' zukommt, die zur Kontrolle über den freiwilligen Verzicht auf Bewegungen wird, der sich daraus ergibt.

Stille ist auch die Suche nach ‚kollektiven Bemühungen', denn alle in diesem Raum befindlichen Dinge oder Menschen müssen absolut unbeweglich sein, damit darin Stille herrscht.

Es besteht kein Zweifel darüber, daß das Streben nach Stille ein lebhaftes Interesse hervorrufen muß, was tatsächlich bei den Kindern der Fall ist, die mit diesem ‚Streben um seiner selbst willen' befriedigt werden.

Der Gehörsinn gibt uns einen klaren Begriff davon, was die anfängliche grundlegende Ausbildung der Sinne zu sein hat, nämlich ‚mehr hören zu können'.

Das Gehör vernimmt mehr, wenn es ‚leisere' Geräusche hört als vorher. Die Ausbildung der Sinne führt also zur Beurteilung der Minimalreize – und je geringer das Wahrgenommene ist, desto größer wird die sensorielle Fähigkeit. Die Fortschritte in der Ausbildung der Sinne ergeben sich also im wesentlichen bei der ‚minimalen' Bewertung äußerer Reize.

So kann z. B. ein Halbtauber – wie uns Itard so meisterhaft bewiesen hat – zum Hören schwächerer Geräusche erzogen werden, als derjenige, welcher vorher zu hören imstande war, als er auf sich selbst angewiesen, also ohne Ausbildung war. Er kann stufenweise dazu gebracht werden, mittlere Geräusche wahrzunehmen, die der normale Mensch ohne Ausbildung des Gehörs vernimmt.

Darauf basierend brachte Itard mit einer Folge von Reizen – die vom Kontrast bis zur Abstufung der Minima gehen – viele Halbtaube dazu, die sprechende Stimme zu vermehren und folglich selbst zu sprechen, und so heilte er eine große Zahl von Tauben.

Ein weiteres Prinzip der Sinneserziehung besteht darin, zwischen den Reizen zu ,unterscheiden'.

Dies schließt als pädagogische Vorbereitung eine Klassifizierung verschiedener Gruppen von Sinneswahrnehmungen ein und danach die Abstufung innerhalb einer jeden Gruppe, die praktisch dafür geeignet ist.

Wir können hier zunächst Geräusche von Tönen unterscheiden, dabei bei kontrastierenden Unterschieden beginnen und dann zu unmerklichen Unterschieden übergehen; danach zur verschiedenen Klangfarbe von Tönen verschiedenen Ursprungs, die menschliche Stimme und die Instrumente; und schließlich zur musikalischen Tonleiter kommen.

Zusammenfassend ... wollen wir die Gehörwahrnehmung in vier Klassen unterteilen:

– die Stille,
– die sprechende menschliche Stimme,
– die Geräusche,
– die Musik.

Die Lektionen der Stille sind unabhängige, getrennte Übungen, von großer praktischer Auswirkung auf die Disziplin.

Die Analyse der auf die Sprache bezogenen Klänge ist die mit der Erlernung des Alphabets verbundene Übung.

Bei den Geräuschen verfügt unser heutiges System über ein sehr einfaches und primitives Material, das aus paarweise gleichen Holz- oder Pappdosen besteht, die so hergestellt sind, daß sie sechs abgestufte Geräusche erzeugen, wenn sie der Reihe nach aufgestellt werden. Ähnlich wie bei anderem Material für die Sinne werden bei diesem System die Geräuschdosen gemischt und dann diejenigen paarweise zusammengestellt, die beim Schütteln dasselbe Geräusch machen. Versucht man also, den Unterschied zwischen den Dosen einer Serie zu beurteilen, ergibt sich so ihre Abstufung." (Maria Montessori, Die Entdeckung des Kindes, 1969, S. 150 ff).

Wie Maria Montessori schon ausgeführt hat, benötigen wir dazu Dosen aus Holz oder anderen Materialien (es eignen sich beispielsweise für die eigene Herstellung auch Filmdosen oder ähnliches). Jeweils zwei Dosen sind mit dem gleichen Material gefüllt, in der gleichen Anzahl, so daß das gleiche Geräusch in der gleichen Intensität entsteht. Beide Dosen haben das gleiche Zeichen auf dem Boden, so daß das Kind später die Fehlerkontrolle hat. Die Geräusche stufen sich ab von leisen bis zu lauten Geräuschen. Nun stellt die Lehrerin jeweils die Dosen paarweise vor das Kind hin, nimmt eine Dose mit dem lautesten Geräusch, schüttelt sie durch Auf- und Abbewegung mit einer Hand, dann mit der anderen Hand. Man sucht das gleiche Geräusch unter den anderen Dosen. Wenn man glaubt, die beiden gleichen Dosen gefunden zu haben, kann man auf dem Boden das Zeichen vergleichen und sich selbst kontrollieren. Bei Original-Montessori-Material gibt es zwei Reihen von Dosen, blau und rot, jedes Paar setzt sich aus einer blauen und einer roten

Dose zusammen, mit dem gleichen Erkennungsmerkmal am Boden der Dose.

Es macht Kindern sehr viel Spaß, auch dieses Material selbst herzustellen und Geräusche selbst zu erproben. So lassen sich die Geräusche auch im Laufe der Zeit „austauschen", indem die Inhalte der Dosen ausgewechselt werden. Füllt man die Dosen mit dem gleichen Material, jedoch in unterschiedlicher Menge, lassen sich feine Nuancen des Geräusches erkennen: z. B. eine verschiedene Zahl von Reiskörnern, kleiner Nägel oder ähnliches. Haben die Kinder gelernt, mit den Geräuschen umzugehen, dann kann man ihnen auch die entsprechende Sprachlektion erteilen, das heißt, ihnen die Namen für die Geräusche wie laut, leise usw. zu erklären und sie im Rahmen der Drei-Stufen-Lektion auch auffordern, mit diesen Begriffen zu hantieren oder umzugehen. Auch hier sind der Phantasie keine Grenzen gesetzt, weitere Variationen im spielerischen Umgang mit Geräuschdosen zu entwickeln. So kann die Erzieherin oder Lehrerin eine Dose schütteln und das Kind bitten, genau auf dieses Geräusch zu hören und sich dieses Geräusch einzuprägen. Sie schickt das Kind in einen Nebenraum oder in die entgegengesetzte Ecke des Zimmers mit der Bitte, das gleiche Geräusch zu ihr zu bringen. Das heißt, das Kind muß zum einen sehr gut zuhören, das Geräusch abspeichern, sich einprägen, den räumlichen Abstand überwinden, und schließlich vergleichen. Es gibt noch weitere Varianten, die darin bestehen, daß Kinder im Raum Geräusche erzeugen und ein anderes Kind auffordern, das gleiche Geräusch zu produzieren. Auch hier heißt es, auf das Geräusch zu hören, es sich einzuprägen und dann zu versuchen, es nachzuahmen. Die Bandbreite für solche Übungen ist riesig und läßt sich auch im Lebensalltag des Kindes einführen und anwenden. So gibt es verschiedene Klingelzeichen – anfänglich kann das Kind nicht unterscheiden, ob es sich dabei um das Telefon, die Türglocke, den Wecker oder ähnliches handelt. Mit der Zeit lernt es zu differenzieren und zuzuordnen, ebenso wie es mit den Begriffen umgehen kann. Ziel dieser Übungen ist es, das Gedächtnis und die Aufmerksamkeit zu schulen, aber auch gleichzeitig das genaue Hinhören. Dies ist wichtig beim Erlernen der Muttersprache, aber auch später in der Schule beim Erlernen von Fremdsprachen und ähnlichem.

Die Glocken

Dieses Material zur Schulung des Gehörsinns ist sehr beliebt, da es zu den „attraktivsten" Montessori-Materialien gehört und allein durch seine Beschaffenheit und sein interessantes Aussehen Interesse erzeugt.

„Zur Ausbildung des musikalischen Sinnes wurde eine Reihe von Glocken benutzt, die Anna Maccheroni mit großer Genauigkeit herstellen ließ. Jede dieser Glocken hat ihren eigenen Fuß und ist von den anderen getrennt. Es handelt sich dabei um dem Aussehen nach gleiche Gegenstände, doch schlägt man sie mit einem kleinen Hammer an, erklingen [ganz unterschiedliche] Noten, so daß der einzige wahrnehmbare Unterschied im Klang liegt.

Die in doppelter Serie existierenden Glocken lassen sich einzeln umstellen; sie können also ‚gemischt' werden, genau wie die anderen Gegenstände zur Erziehung der Sinne.

Die erste Übung besteht darin, sie mit dem kleinen Hammer anzuschlagen und die beiden Glocken zu erkennen, die denselben Ton unter Ausschließung der Halbtöne erzeugen, und sie mittels des Fußes nebeneinanderzustellen. Danach kommt die Einordnung der einzelnen Töne der Tonleiter in ihrer Reihenfolge; in diesem Fall stellt die Lehrerin eine Serie von Glocken in die gewünschte Reihenfolge, während die andere gemischt bleibt. Bei dieser Übung handelt es sich wieder um paarweises Zusammenstellen, da eine der feststehenden Glockenserien zum Klingen gebracht werden soll, um durch Probieren aus der Mischung der anderen Serie die entsprechende zu finden. Hier wird die Paarung jedoch durch eine bestimmte Ordnung gesteuert.

Ist das Ohr genügend ausgebildet, um die Folge der einfachen Klänge der Tonleiter zu erkennen und im Gedächtnis zu behalten, dann haben die Kinder die Möglichkeit, ohne jegliche Führung die ungeordneten oder gemischten Glocken in die Reihenfolge der chromatischen Töne zu bringen, nur von ihrem eigenen musikalischen Ohr gelenkt, und auch die Halbtöne hier einzureihen.

Wie bei den anderen Systemen von Gegenständen die Sinneswahrnehmung namentlich bezeichnet wurde, nachdem sie deutlich erkannt worden war (glatt, rauh, rot, blau usw.), begleitet auch hier die Notenbezeichnung den Ton, nachdem er mit Sicherheit unterschieden wird. Die Höchstgrenze, die ein sechs- oder siebenjähriges Kind erreichen kann, ist das Erkennen und die Nennung des isolierten Klanges.

Zu den Tönen kommen dann die Halbtöne, die, um die Energie nicht unnötig zu zersplittern, durch den Glockenfuß erkennbar sind: Er ist schwarz anstatt weiß (und erinnert an die Klaviertasten). Die Sinnesübung besteht darin, sie richtig zwischen die entsprechenden Töne einzureihen.

Die sensorielle Erziehung des musikalischen Sinnes darf nicht mit der allgemeinen Technik verwechselt werden, auf die ihn die musikalische Ausbildung begrenzt.

Die Übung, Töne zu unterscheiden, kann man durchführen, ohne sich im geringsten in den Bereich der Musik zu begeben, genauso wie Physikstudenten dies auf einem anderen Gebiet, also der Wissenschaft, tun, wenn sie das Schwingen der Materie auch in der speziellen Form unterscheiden, die musikalische Länge erzeugt.

Diese Sinnesübung bildet die *notwendige Grundlage* für die musikalische Erziehung. Das Kind, das eine solche Übung gemacht hat, ist bestens für das Verständnis der Musik, und deshalb für schnelle Fortschritte, vorbereitet.

Unnötig zu erwähnen, daß genau die Musik die Sinneserziehung fortführt und festigt, genau wie das Studium der Malerei den visuellen Sinn für Farben usw. Doch die exakte Grundlage einer im Kind fixierten ‚klassifizierten Wahrnehmung' ist wie ein fundamentaler Vergleichsmaßstab, der einen unschätzbaren Wert für den späteren Fortschritt hat." (Maria Montessori, Die Entdeckung des Kindes, 1969, S. 152 f).

Parallel zu der Arbeit mit den Glocken kann auch das Singen gesehen werden. Denn jeder Ton kann auch durch Singen nachvollzogen werden. Kinder brauchen für den Umgang mit diesem Material sehr viel Zeit und ausreichend Freiraum, um sich diesen Klängen hingeben zu können. Vor allen Dingen ist es notwendig, daß sie den Klängen in einer ruhigen Umgebung lauschen können, so daß diese nicht durch Nebengeräusche verfremdet werden. Ziel der Arbeit mit diesem Material ist nicht, Lieder zu spielen, sondern sich ganz mit den Klängen auseinanderzusetzen und Klangreihen zu bilden. Sicher kann es dazu kommen, daß das Kind das Material nutzt, um auch ihm bekannte Melodien „nachzuspielen", doch sollte dies nicht primärer Zweck sein.

Die Wärmeflaschen

Dieses Material scheint auf den ersten Blick etwas befremdlich zu sein. In keiner anderen als in einer Montessori-Einrichtung finden wir ein ähnliches Material oder Angebot. Der Umgang mit den Wärmeflaschen dient der Sensibilisierung des Wärmesinns. Grundlage dafür sind acht kleine Behälter, die Wasser von verschiedener Temperatur enthalten. Zwei enthalten Wasser in Körperwärme, zwei ungefähr 10 Grad wärmeres Wasser, zwei Wasser, das 10 Grad kühler als Körperwärme ist, und die letzten beiden Wasser, das ungefähr 20 Grad kühler als Körperwärme ist. Ein Fläschchen des Paares mit Körpertemperatur hat ein Zeichen auf dem Deckel. Jedes Paar sollte zur Fehlerkontrolle an dem Boden der Flasche ein Zeichen derselben Farbe haben. Also kalt ist gleich blau, warm ist gleich hellblau, Körpertemperatur ist gleich rosa, heiß ist gleich rot. So kann sich das Kind dann auch im Alltag orientieren: blau am Wasserhahn bedeutet kaltes Wasser, rot am Wasserhahn bedeutet heißes Wasser. Die Erzieherin oder Lehrerin bereitet die Fläschchen für die Übung vor. Sie müssen alle in der gleichen Größe und aus gleichem Material sein und mit der gleichen Menge Wasser gefüllt werden. (Das Wasser wird nach einiger Zeit abkühlen, aber dennoch bleiben die Unterschiede einigermaßen erhalten.)

Die Fläschchen stehen auf einem Tablett, und zuerst wird das Fläschchen mit der Körperwärme, also dem rosa Zeichen genommen. Das Kind befühlt es und versucht dann, unter den anderen Fläschchen eines zu finden, das dieselbe Temperatur hat. Bei dieser Übung ist es wichtig, daß das Kind die Wärme seiner Hände immer wieder neutralisiert. Durch das Berühren des kalten Fläschchens kühlt die berührende Hand ab und die Wahrnehmung des nächsten Fläschchens wird dadurch beeinflußt. Das heißt,

vor jeder Wärmeprüfung reibt das Kind beide Handflächen
so lange fest gegeneinander, bis beide Hände heiß sind bzw.
die gleiche Temperatur erlangt haben. Dann kann das Kind
mit der Übung fortfahren. Nach ausreichender Übung
gelingt es dem Kind, die entsprechenden Temperaturen
einander zuzuordnen und dann auch mit den entsprechenden Begriffen zu benennen: kalt, kälter, am kältesten, heiß,
heißer, am heißesten usw. Im fortgeschrittenen Stadium
dieser Übung muß das Kind sich die Wärme ebenfalls einprägen und ein Fläschchen mit der gleichen Temperatur
aus einem entfernten Raum holen. Dies erhöht die Konzentration und schult gleichzeitig das Gedächtnis.

Die Wärmeplättchen

Wie bei allen anderen Materialien gibt es auch hier verschiedene weitere Varianten zur Schulung des Wärmesinns. Die Wärmeplättchen bestehen jeweils aus Paaren
von Plättchen aus Holz, Filz, Kork, Glas, Marmor oder
Eisen. In der Größe unterscheiden sie sich nicht, jedoch in
der Struktur, im Gewicht und eben vor allen Dingen in der
Wärme. Nach der Neutralisierung der Handflächen legt
das Kind jeweils eine Handfläche auf eines der Plättchen
und nimmt so die Temperatur wahr. Dann legt es die zweite Hand auf ein weiteres Plättchen und erkennt, daß beispielsweise Filz warm, Eisen kalt ist. Wenn das Kind die
verschiedenen Temperaturen erspürt hat, gilt es, die Plättchen paarweise einander zuzuordnen und zwar mit geschlossenen Augen. Dabei ist es wichtig, daß das Kind mit
der gesamten Handfläche von oben auf das Plättchen faßt
und nicht die Struktur betastet. Die Fehlerkontrolle liegt
dann im visuellen Bereich im Vergleichen der Struktur und
im Bereich des Tastens ebenfalls im Vergleichen bzw. Erta-

Die Wärmeplättchen
Die verschiedenen Materialien entsprechen in der Größe und im Volumen den barischen Brettchen oder Gewichtstäfelchen. Sie sind allerdings aus verschiedenen Materialien wie Filz, Stein, Holz, Metall.

sten der jeweiligen Oberflächenbeschaffenheit. Die Übung kann mit den Händen gemacht werden, aber beispielsweise auch mit den Füßen oder mit den Armen, oder die Wärmeplättchen können auf die nackten Knie aufgelegt werden. Kinder erfahren so, daß verschiedene Materialien unterschiedliche Temperaturen haben. Wenn mit diesem Material gearbeitet wird, kommt es häufig vor, daß Kinder nach der Übung in ihrer Umwelt alle Materialien, ganz gleich ob Wände, Möbel, Gefäße, berühren, um herauszufinden, ob sie die gleiche Temperatur haben oder unterschiedliche Wärme- oder Kälteträger sind.

Hier läßt sich sehr gut ein Beispiel aus der Kunstpädagogik anführen. In vielen barocken Kirchen oder Bauwerken finden wir Stuckmarmor, aus marmoriertem Gips hergestellt. Gips ist relativ warm, während echter Marmor dagegen kalt ist. Kinder bezeichnen Stuckmarmor häufig als „Schwindelmarmor" und können durch den Wärmetest den Stuckmarmor von echtem Marmor unterscheiden. Vorsicht – Konsequenz wird sein, daß Kinder in Kirchen z. B. alles berühren wollen. Nicht selten aber sind Erwachsene ganz überrascht, daß Kinder mit ihren Händen diese Unterschiede feststellen und benennen können.

Riechbüchsen und -gläser

Auch der Geruchssinn spielt eine wesentliche Rolle im Material Maria Montessoris. Schließlich dient er nicht zuletzt der Sensibilisierung für gute, aber auch schlechte Gerüche und kann uns ganz wesentlich vor Gefahren schützen. Gleichzeitig lernen Kinder dabei auch, daß nicht alle guten Gerüche unschädlich sind und nicht alle schlechten Gerüche schädlich.

Auch hier gibt es wieder Paare von Behältern, meist mit Watte gefüllt und verschiedenen Düften beträufelt. Die Gerüche können aus der Medizin kommen, können Parfums sein, Gewürze, Gerüche aus dem Alltag der Kinder. Da man die Füllung dieser Riechbüchsen selbst herstellen kann, sollte man zuerst mit vertrauten Gerüchen beginnen, die die Kinder auch wiedererkennen und sofort zuordnen können. Wie bei allen anderen Übungen vorher gilt es auch hier wieder, die Behälter zu mischen, den Geruch erst einmal kennenzulernen, zwei Gerüche zuzuordnen und sich dann nach Möglichkeit auch noch den Namen einzuprägen. Erfahrungen in Montessori-Einrichtungen zeigen, daß die Kinder mit sehr viel Freude solche Riechbüchsen selbst herstellen und die Gerüche auch immer wieder austauschen. Zur Fehlerkontrolle dienen hier wieder farbige Zeichen unter jedem Paar der Dosen. Die Anwendung aus diesen Übungen ist dann die Erforschung und Entdeckung von Düften und Gerüchen in der Natur, nach Regen, an Blumen oder Pflanzen, im Haushalt, im Gewürzschrank usw. An Geruchsübungen können sich auch Geschmacksübungen anschließen, bei denen das Kind bestimmte Geschmäcke durch Probieren erkennen kann. Ein interessantes Spiel ist das „Einkaufen" nach Geruch oder Geschmack. So möchte ein Kind z. B. Kaffee einkaufen, ein anderes Kind reicht ihm aber eine Dose, die nach Parfum riecht. Das Kind ist mit dem Angebot nicht zufrieden und verlangt nach einer anderen Dose, bis es den Geruch bekommt, den es sich gewünscht hat. Ähnlich ist es bei Geschmacksübungen, die bevorzugt mit Nahrungsmitteln aus dem Haushalt oder Obst durchgeführt werden können.

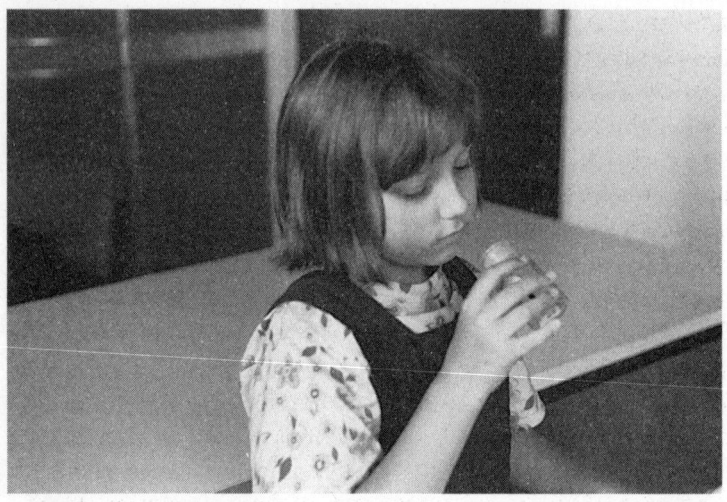

Riechbüchsen und -gläser
Da Gerüche immer wieder ihre Intensität verlieren, gilt es, die Gerüche mit den Kindern gemeinsam „herzustellen". Für kleinere Kinder sollte man mit bekannten Gerüchen beginnen.

Geschmackskrüglein

Hier gibt es acht kleine Gefäße mit Pipetten. Zwei davon enthalten eine Salzlösung, zwei eine süße Lösung, drei eine bittere Lösung, zwei eine saure Lösung. Die Kinder probieren diese verschiedenen Geschmäcker und ordnen sie einander zu, wie zuvor bereits beschrieben. Auch hier lassen sich unterschiedliche Geschmäcker anbieten – verschiedene Fruchtsäfte, verschiedene Tees und ähnliches. Damit die Kinder den richtigen Geschmack auch wirklich wahrnehmen können, müssen sie ihre Geschmacksnerven neutralisieren. Dies geschieht dadurch, daß nach jedem Schmecken das Kind den Mund ausgiebig mit Wasser ausspült. So wird eine Neutralisierung erreicht – das Kind ist offen, einen neuen Geschmack wahrzunehmen. Auch die Begriffe zur jeweiligen Geschmacksrichtung können zu einem späteren Zeitpunkt eingeführt werden. Hier ist es wichtig, daß die Kinder selbst danach fragen oder die Begriffe selbst benennen. Im Frühstadium ist es ausreichend, wenn die Kinder die verschiedenen Geschmäcker einander zuordnen können, von angenehm nach unangenehm unterscheiden und ähnliches.

Erziehung des Geschmacks- und des Geruchssinns

„Die Übungen für diese Sinne lassen sich nur schwer attraktiv gestalten.

Ich kann nur sagen, daß mir, zumindest für kleine Kinder, Übungen, ähnlich den in der Psychometrie angewandten Versuchen, ungeeignet und unpraktisch erscheinen. [...] Wir ließen sie an frischen Veilchen und an Jasmin riechen, mitten im Mai nahmen wir die in Blumenvasen gesteckten Rosen. Dann verbanden wir einem Kind die

Augen und sagten: ‚Nun bekommst du Geschenke, es werden dir Blumen angeboten.' Tatsächlich hielt ihm ein Spielgefährte Veilchen unter die Nase, die es erkennen sollte; um die Intensität zu verstärken, wurden eine oder mehrere Blumen zusammengenommen.

Danach kam uns der Gedanke, der Umgebung einen Großteil dieser erzieherischen Aufgaben zu überlassen. Zunächst müssen die Gerüche zur Übung der Sinne erst einmal vorhanden sein, und da sie nicht unbedingt um uns herum existieren, wie das Licht und das Geräusch, das sich aus allen Bewegungen ergibt, wollten wir nach einem bestimmten System Düfte in der Umgebung mit dem Gedanken plazieren, sie immer differenzierter zu machen.

Einige nach chinesischer Mode geschmückte Säckchen wurden wie Schmuck an die Wände geheftet. Blumen und Kräuter aus dem Garten, Seife mit einem natürlichen Duft, wie z. B. nach Mandeln und Lavendel, wurden vorbereitet und um die Kinder herum ausgelegt.

Erst später, nachdem wir duftende Kräuter aufgepflanzt hatten, die fast wie ein grünes Beet aussahen, damit ihre Farbe nicht die Aufmerksamkeit weckte, wie dies bei auffälligen Blumen der Fall ist, fanden wir heraus, daß etwa Dreijährige am stärksten daran interessiert waren, die verschiedenen Gerüche ausfindig zu machen, und wir sahen mit großem Erstaunen, daß uns einige der Kleinen manche Kräuter brachten, die wir weder angepflanzt hatten noch als Duftkräuter kannten, doch auf Drängen der Kinder rochen wir daran und entdeckten, daß sie tatsächlich einen feinen Duft ausströmten.

Eine so bepflanzte Wiese, bei der die farbliche Eintönigkeit und geringe Abweichung in den Formen bis zu einem gewissen Grad die Geruchswahrnehmung isolieren, ist eine Stätte der ‚Forschung' und deshalb auch der Übung des Geruchssinnes. Wird die Aufmerksamkeit systematisch dazu gebracht, auf verschiedene Sinnesreize anzusprechen, dann wird auch der Geruchssinn ‚auf intelligente Weise' ausgebildet und entwickelt sich zu einem Organ zur Erforschung der Umwelt.

Daß der Geruch der natürliche Helfer des ‚Geschmacks' ist, bewiesen uns sogar die Kleinsten durch ihr Vermögen, Nahrungsmittel auszuwählen oder zu ‚verwerfen'. Dieser Teil der Erziehung spielt in das vegetative Leben hinein, doch er ist so delikat, daß er eine Sonderbehandlung verdient. Bedenkt man nun, daß hier nichts weiter als die vier einfachsten Geschmacksrichtungen angezeigt werden, ergibt sich die Mahlzeit als natürliche Gelegenheit für Geschmacksübungen.

Die ausschließlich auf den Geschmack zurückzuführenden Sinneswahrnehmungen von Kindern dadurch unterscheiden zu lassen, daß man sie die vier grundlegenden Geschmacksrichtungen lehrt, löst unzweifelhaft Interesse aus. Während sowohl das Süße wie das Salzige beides angenehme Geschmacksrichtungen sind, wird auch das Bittere als Erfahrung untersucht und das Saure, besonders bei diversen Früchten, nach seinen Abstufungen differenziert.

Ist erst einmal das Interesse auf die Geschmacksrichtungen und ihre so klare Abgrenzung gelenkt, unterscheidet sich die Welt der Düfte klarer in der großen Vielfalt dieser gemischten Geschmacks- und Geruchswahrnehmungen, die bei der Ernährung, also Milch, trockenem und frischem Brot, Bouillon, Früchten usw. erprobt werden. Die Tastwahrnehmungen der Zunge, z. B. bei nicht leitenden, bei öligen Substanzen usw. unterscheiden sich von denen des Geschmacks und des Geruchs durch eine ununterbrochene geistige Tätigkeit, die eine wirkliche Erforschung ihrer selbst und der Umwelt ist.

Die Methode, die Zunge mit einer bestimmten bitteren,

sauren, süßen oder salzigen Lösung in Berührung zu bringen, wie dies in der Extensiometrie geschieht (Messung der Sensibilität), ließ ich auf fünfjährige Kinder anwenden, die sich für solche Versuche wie zu einem Spiel hergaben und denen es großen Spaß bereitete, sich den Mund auszuspülen, ohne zu ahnen, daß sie Experimenten unterworfen wurden, die von Erwachsenen in den feierlichen Mantel der Wissenschaft gehüllt werden. Die ganz kleinen Kinder konzentrieren sich hingegen ernsthaft auf die Suche nach den Düften, mit welchen die Natur die Wiesenkräuter bedacht hat." (Maria Montessori, Die Entdeckung des Kindes, 1969, S. 136 ff).

Die knopflosen, farbigen Zylinder

Dieses Material besteht aus vier Sätzen von Zylindern in den vier verschiedenen Typen des Zylinderblocks: Jeder Satz hat eine andere Farbe: grün, rot, blau, gelb. Man gibt dem Kind einen Kasten und zeigt ihm, wie man die Zylinder einen neben den anderen stellt, in einer Ordnung, daß man ihre verschiedene Größe bemerkt. Der zweite Kasten wird in derselben Weise eingeführt. Die Kinder vergleichen dann die beiden Reihen. Man sollte mit den beiden Kästen beginnen, deren Zylinder in drei Dimensionen verschieden sind. Zuerst mit dem, dessen Zylinder sich in drei Dimensionen ändern, indem zwei Dimensionen anwachsen und die Zylinder in einer abnehmen. Man vergleicht sie mit den Zylindern, die in zwei Dimensionen verschieden sind. Die Verschiedenheit bei diesen Sätzen ist besonders interessant, da die einzelnen Zylinder an jedem Satz etwas Gemeinsames haben. Man kann eine Art des Vergleichens zeigen, man kann Türme aufbauen und ähnliches. Die Arbeit mit dem Material dient der exakten und genauen Beobachtung und verhilft dem Kind zu einer klaren Auffassung der Dimensionen und ihrer Beziehungen. Da das Material erst etwa mit dem vierten bis fünften Lebensjahr eingesetzt wird, hat das Kind bereits eine Entwicklungsstufe erreicht, wo die einfache Fehlerkontrolle für es nicht mehr so wichtig ist.

Die knopflosen, farbigen Zylinder
Die Fotos machen deutlich, wieviel Anreize von diesem Material ausgehen.

3.3 Spielerisch mit Zahlen umgehen lernen: mathematische Übungen nach Montessori

Maria Montessori legt größten Wert auf die Bildung des mathematischen Geistes, den sie indirekt bereits durch die Übungen mit dem Sinnesmaterial vorbereitet. Dennoch hat sie darüber hinaus spezielle Übungen und Materialien zur Einführung der Zahl entwickelt:

– die numerischen Stangen,
– die Sandpapierziffern,
– die numerischen Stangen mit Ziffern,
– die Spindeln,
– Ziffern und Chips,
– Gedächtnisspiele mit Zahlen.

Zur Einführung des Dezimalsystems dienen

– die Darbietung mit Perlen,
– die Darbietung der dazugehörigen Ziffernkarten,
– die Bildung von Zahlen mit Perlen und Karten,
– die Addition,
– die Subtraktion,
– die Multiplikation,
– die Division,
– das Markenspiel und ähnliche Spiele.

Zur Einführung der Zahlen 11 bis 19 und der fortlaufenden Zehner verwendet sie

– die kleine Perlenkette,
– die Zehnerbretter oder Séguin'sche Tafeln,
– das lineare Zählen,
– die Hunderttausenderkette,

– das Zählen mit Überspringen
usw.

Auch Material zur grundlegenden Rechenoperation stellt
sie zur Verfügung, wie etwa das Schlangenspiel zur Addition, das negative Schlangenspiel zur Subtraktion, die Per-
lenstange zur Multiplikation oder das Divisionsbrett, um
nur einige zu nennen.

Montessori geht davon aus, daß das gesunde Kind einen
mathematischen Geist hat. Dieser sei schon sehr früh
wirksam, z. B. überall dort, wo man das Augenmaß braucht,
wie beim Greifen, beim Treppensteigen, beim Aufbauen
eines Turmes usw. Das Maß der Begabung kann allerdings
beim einzelnen Kind unterschiedlich sein. Deshalb gibt
Maria Montessori dem Kind ein Material in die Hand, das
die geforderte Möglichkeit zum „ruhigen, selbständigen,
eindringlichen und inständigen Nachdenken" bietet. Bereits die Einsatzzylinder haben das Phänomen der Polarisation der Aufmerksamkeit deutlich gemacht. Turm und
Treppe vermitteln dem kleinen Kind neben der Freude am
Tun im Unterbewußtsein mathematische Erkenntnisse
und Erfahrungen. Später, als Schulkind, kann das Kind
ohne Mühe hieraus wichtige Erkenntnisse ziehen und ver-
arbeiten. Alle Erfahrungen macht es am Material und zwar
so lange, wie die Abstraktion schrittweise erfolgt. Das
gesamte Material verhilft zu dieser Abstraktion. Der Ab-
straktionsprozeß kann nicht im „Gleichschritt" einer
Klasse oder Jahrgangsstufe erreicht werden. Der individuelle Entwicklungsstand muß berücksichtigt werden, die
Phase des einzelnen Kindes. „Zunächst muß im Konkreten vollkommene Klarheit herrschen und dann muß das
Kind eine gewisse geistige Reife erreicht haben", meint
Montessori. Wenn wir Kinder beim Umgang mit dem
Montessori-Material beobachten, stellen wir immer wie-

der fest, daß das Kind von selbst Material beiseite legt, wenn die Abstraktion erfolgt ist.

Die numerischen Stangen – blau-rote Stangen

Dieses Material besteht aus zehn Stangen in den gleichen Maßen wie die langen roten Stangen. Allerdings sind sie durch Farbunterschiede blau und rot in Einheiten eingeteilt und beginnen jeweils mit rot bei der kürzesten Stange. Die Maßeinheit entspricht einem Dezimeter = 10 Zentimeter. Man benennt die einzelnen Stangen nach der Anzahl ihrer Abschnitte, so bedeutet zwei Abschnitte z. B. Zweierstange oder „Das ist zwei".

Die Stangen werden geordnet auf dem Boden angeboten. Man beginnt mit den ersten drei Stangen und verwendet dabei die Drei-Stufen-Lektion: Die erste Stange wird mit der Hand berührt und man sagt dazu: „Das ist eins". Dann zeigt man die zweite Stange: „Dies ist zwei". Es folgte die dritte Stange in gleicher Weise. Die Namen der Stangen werden dabei klar ausgesprochen und das Kind aufgefordert, sie zu wiederholen. Während der Wiederholung wird vom Kind jeder Abschnitt berührt und dabei auch gezählt. In einem zweiten Schritt werden die Stangen gemischt und das Kind wird aufgefordert: „Gib mir die Eins oder gib mir die Zwei oder gib mir die Drei". Dann werden die Stangen wieder gemischt. Jetzt wird eine beliebige der drei Stangen genommen und das Kind nach dem Namen gefragt. Es hat nun die Möglichkeit, aus dem Gedächtnis der Stange den richtigen Namen zu geben. Wenn diese Übung mit den drei Stangen bereits zur Zufriedenheit aller abgeschlossen ist, können weitere Stangen eingeführt werden. Man fragt jedoch das Kind, ob es noch mehr Stangen kennenlernen möchte.

Die numerischen Stangen – blau-rote Stangen

Ziel bei der Übung mit den numerischen Stangen ist es, daß das Kind die Reihenfolge der Zahlen lernt. Gleichzeitig erfährt es, daß jede Zahl durch eine entsprechend große Stange dargestellt wird.

Die Sandpapierziffern

Die Sandpapierziffern sind eines der bekanntesten Mathematik-Materialien Maria Montessoris. Die Ziffern Null bis Neun sind aus Sandpapier ausgeschnitten und auf blaue oder rote Brettchen aufgeklebt. Wie immer wird auch hier die Drei-Stufen-Lektion für alle Ziffern angewendet, und wieder wird mit nur drei Ziffern begonnen. Man fährt mit den Fingerspitzen über das Zeichen, als ob man schreiben würde. Dabei ist es wichtig, daß man dies dem Kind in der Schreibrichtung zeigt und darauf achtet, daß sich auch das Kind an die Schreibrichtung hält. Dabei spricht man den Namen „Dies ist Eins". Das Kind wiederholt die Übung in gleicher Weise. So wird eine Zahl nach der anderen angeboten. Die Ziffern werden gemischt, nach der Einführung der ersten drei Ziffern wird die Anzahl der Ziffern erweitert usw. Im nächsten Schritt wird das Kind aufgefordert, eine bestimmte Ziffer der Erzieherin zu geben, im letzten Schritt wird dem Kind eine Ziffer gezeigt und die Frage lautet „Was ist das?" Das Kind prägt sich über das Betasten mit den Fingerspitzen die Zahl „gefühlsmäßig" ein, mit dem Auge visuell, und gleichzeitig führt es der Zahlenbegriff zur Abstraktion. Mit dem Material lernt das Kind Zahlen kennen und erhält so den „Schlüssel zur Welt der geschriebenen Zahlen".

Die numerischen Stangen können auch mit den Sandpapierziffern kombiniert werden. Dabei werden die entsprechenden Ziffern den entsprechenden Stangen zugeordnet. Auch dies ist ein Schritt zur Abstraktion vom konkreten Maß zur abstrakten Ziffer.

Die Spindeln

Dieses Material zeichnet sich durch eine wunderbare Ästhetik aus, die reizt, die Spindeln immer wieder zu berühren. Man braucht dazu zwei gleich große Kästen mit je fünf Fächern. Auf der Rückseite eines jeden Faches steht eine Ziffer, die Ziffern stellen die Zahlenreihen von Null bis Neun dar. 45 Holzspindeln stehen zur Verfügung. Die Übung beginnt damit, daß man dem Kind die beiden Kästen zeigt und es bittet, die Ziffern der Fächer zu lesen. Die erste Ziffer ist die Null. Die Lehrerin sagt: „Das ist Null. Null ist nichts. Da kommt nichts hinein." Dann läßt

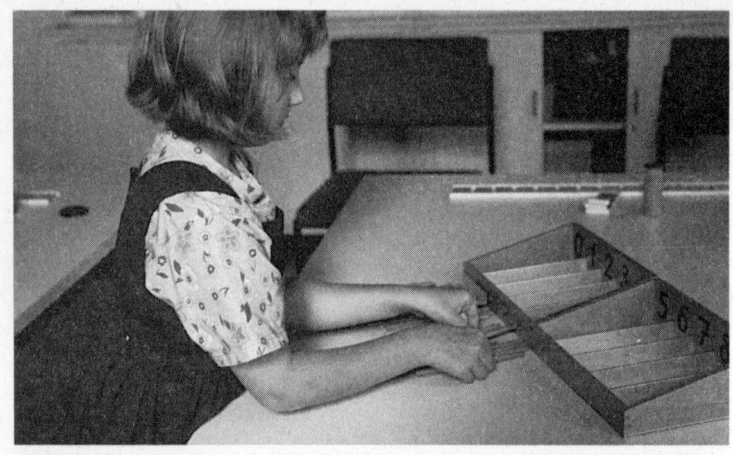

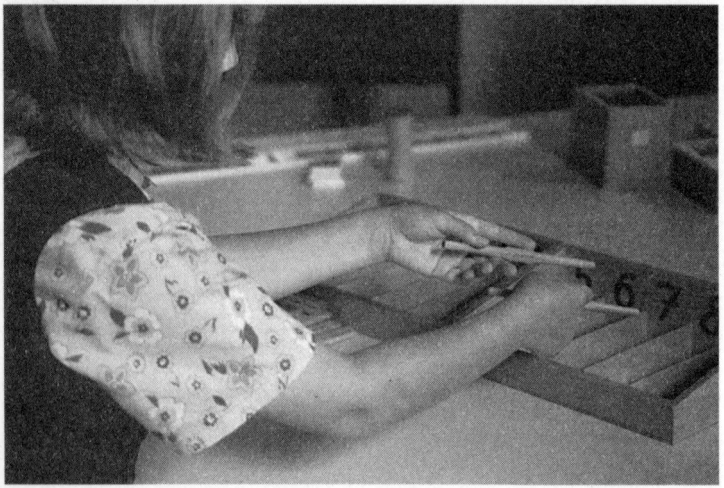

Die Spindeln

Natalie: „Wie heißen diese Holzstäbchen? Spindeln. Die fassen sich ganz toll an. In jedes Fach müssen so viele Spindeln, wie uns die Zahl sagt."
Zahl und Menge erhalten einen konkreten Bezug für das Kind, und es kann einen Mengenbegriff bilden.

man das Kind die Anzahl der Spindeln in die Fächer hineinzählen, die die Ziffern auf deren Rückseiten angeben. Damit der Begriff Null verdeutlicht wird, macht man noch einige andere besondere Spiele, z.B. „Komm zu mir, komme null Mal zu mir". Dann als nächste Übung: „Bringe mir drei Spindeln oder bringe mir null Spindeln." So erfährt das Kind, daß bei der Ziffer Null weder das Kommen angesagt ist, noch das Berühren einer Spindel, um sie in den Kasten hineinzutun. Es bieten sich zahlreiche Varianten an, mit den Spindeln zu arbeiten und sie nicht nur entsprechend den Zahlenvorgaben in die Kästen einzuordnen. Es werden Zahlen auf Zettel geschrieben, die Kinder lesen die Zahl, falten die Zettel wieder zusammen und legen sie auf den Tisch. Wenn alle Zettel gelesen sind, holen sich die Kinder die entsprechende Anzahl der Spindeln, die auf ihren Zettel verzeichnet waren. Jetzt wird verglichen, ob die Zahl der Spindeln tatsächlich mit der Ziffer übereinstimmt. Durch die Spindeln erkennt das Kind, daß die Zahlen auch ein Zeichen für bestimmte Mengen sind. Bei manchen Zahlen handelt es sich um eine kleine Menge, bei manchen Zahlen um eine große Menge. Das Kind erhält so ein Gefühl für den Mengenbegriff. Wenn es alle Spindeln korrekt in Kästen eingeordnet hat, dann darf keine Spindel übrigbleiben bzw. keine Spindel fehlen. So hat das Kind auch selbst wieder die Fehlerkontrolle und kann sich selbst und sein Tun überprüfen.

Das Perlenmaterial

Mit den verschiedenen Perlensystemen wird in das Dezimalsystem eingeführt. Das Material setzt sich aus ganz verschiedenen Perlensystemen zusammen. Einmal gibt es ein Tablett mit einer Einerperle, einem Zehnerstäbchen (zehn

Perlen sind auf einen Draht aufgefädelt), einem Quadrat aus zehn Zehnerstäbchen, einem Kubus aus zehn Quadraten.

Drei andere Tabletts: Eines mit Kuben, eines mit Quadraten, eines mit Zehnerstäbchen und mit einer kleinen Zahl Einerperlen. Von jeder Art eine unbestimmte Anzahl. Darüber hinaus noch ein leeres Tablett. Die Übung wird in drei Stufen angeboten:

a) Das Kind wird aufgefordert, die Perlen der Zehnerstange zu zählen. Nachdem es dies erfolgreich getan hat, wird der Name eingeführt: „Dies ist eine Zehn" oder „Dies ist ein Zehner". Als nächstes erhält das Kind die Aufforderung, die Stangen im Quadrat zu zählen: Es wird herausfinden, daß es zehn sind, dann wird es aufgefordert, die Perlen zu zählen. Es lernt den Namen „Hundert" oder „ein Hunderter". Man läßt nun das Kind die Hunderterquadrate im Kubus zählen. Hier wird es herausfinden, daß es zehn Quadrate sind. So wird der Name eingeführt: „Dies ist ein Tausender" oder „ein Tausender". Diese Namen werden vielmals wiederholt, bevor die nächste Stufe eingeführt wird. Das Kind bekommt hierbei auch wieder ein Gefühl für die Menge. Es kann die Einerperle in der Hand halten, dann die Zehnerstange, das Hunderterquadrat und dann den Tausenderkubus.

b) Jetzt wird das Kind aufgefordert: „Gib mir den Zehner, gib mir den Hunderter, gib mir den Tausender." Die verschiedenen Perlen werden immer wieder gemischt, bevor man sie sich geben läßt. Wenn das Kind die verschiedenen Perlen aufhebt, merkt es nicht nur Unterschiede in der Menge, sondern auch im Gewicht. Je größer die Zahl, je größer die Perlenmenge, desto schwerer wird das Gewicht. So spürt das Kind, daß der Gewichtsunterschied auch die Mächtigkeit der einzelnen Zahlenkategorien widerspiegelt.

c) Jetzt wird beispielsweise ein Hunderter hochgehalten und das Kind gefragt: „Was ist das?". Es wird antworten: „Ein Hunderter".

An diese Darbietung schließen sich viele Übungen an. Man kann dem Kind den Auftrag erteilen, beispielsweise acht Tausender, sechs Hunderter, drei Zehner und sieben Einer zu holen. Bei dieser Übung holt sich das Kind jedes Mal nur die Perlen der gleichen Kategorie. So wird es ganz vertraut mit den Hundertern, mit den Tausendern usw. Jedes Mal, wenn das Kind eine Zahlenkategorie bringt, zählt man nach, bevor man zu einer anderen Zahl einer anderen Kategorie übergeht. So lernt das Kind Eintausender, Zweitausender, Dreitausender.

Das Kind wird nicht nur vertraut mit Namen und Beziehungen zwischen den Kategorien, Größenverhältnissen zwischen Zehnern und Hundertern usw. Die Übung erweitert sich später durch einen Kartensatz, so daß das Kind die geschriebenen Zahlen in Bezug setzen muß zu den konkreten Perlen. Gleichzeitig lernt das Kind aber auch die Schreibweise der Zahlen.

Das gesamte Perlensystem ist so ausdifferenziert und gut durchdacht, daß das Kind zahlreiche mathematische Aufgaben damit lösen kann und auf diese Weise vertraut wird im Umgang mit dem an sich abstrakten Bereich der Mathematik. Wichtig bei all diesen Übungen ist auch, daß sie Gelegenheit bieten, Gemeinschaftsübungen durchzuführen. Ein Kind kann dem anderen Aufgaben stellen oder ihm behilflich sein, ihm etwa Karten zurechtlegen, während das andere Kind die entsprechenden Perlen ergänzt.

Mit Hilfe des Perlenmaterials kann das Kind auch die Subtraktion und die Multiplikation erlernen. Für das Kind wird so die Verminderung bzw. die Vergrößerung einer Zahl deutlich. Es hat die Zahl, von der abstrahiert werden soll, im Perlensystem bereitgelegt. Daneben liegt das Material, das „abgezogen" werden soll. So erfährt das Kind, daß Subtraktion die Verringerung der ursprünglichen Menge bedeutet. Es nimmt entsprechend viele Tausender, Hunderter, Zehner und Einer weg. Die umgekehrte Erfahrung macht es bei der Addition, die als kleinere Perlenmenge nach der Addition um die zu addierende Zahl größer geworden ist. Ähnliches gilt auch für die Division und Divisionsaufgaben. Es gibt eine Reihe von Hilfsmaterialien, mit denen das Perlensystem ergänzt werden kann. Von weiteren Ausführungen zum Perlensystem soll hier abgesehen werden, da es sich sinnvollerweise nur im Umgang mit dem konkreten Material auch anschaulich erklären läßt. Aus den bereits gemachten Ausführungen wird aber deutlich, in welcher Weise der konkrete Umgang zur Abstraktion führt und die Abstraktion dann auch begrifflich beim Kind verankert werden kann.

Das Mathematik-Material setzt sich fort über die Hunderterbretter, das Pythagoras-Brett, Multiplikationstafeln usw.

Eigentlich muß man sich die Frage stellen, warum diese Materialien nicht häufiger im Schulunterricht eingesetzt werden, da den Kindern auf diese Art und Weise der Zugang zur Mathematik erleichtert bzw. konkretisiert werden könnte.

Metallene Einsätze

Zwei rote Bretter sind in fünf quadratische Felder unterteilt. Die Kantenlänge beträgt jeweils 14 Zentimeter. In jedem Quadrat ist ein Einsatz in blauer Farbe: Quadrat, Rechteck, Kreis, Ellipse, Eiform, Trapez, Kurvendreieck, Dreieck und Vierpaß. In der Mitte haben sie einen Knopf zum Anfassen. Die Einsätze haben dieselben Maße wie die hölzernen geometrischen Einsätze. Dazu gibt es dann eine feste Unterlage; man braucht außerdem quadratische Blätter in mehreren Farben und Buntstifte. Auf eines der Blätter legt man dann den Rahmen des Quadrates ohne den Einsatz und versucht den Rand der ausgesparten Figur mit dem Farbstift nachzuziehen. Es braucht dazu bereits eine gewisse Sicherheit im Umgang mit dem Stift. Wenn man den Rahmen dann in die Höhe hebt, kann man die gezeichnete Figur auf dem Papier erkennen. Auf diese wird dann der Einsatz gelegt, fest aufgedrückt und mit einem andersartigen Stift umrandet. Wenn genau nachgezeichnet wurde, ist die Form mit einem Millimeterabstand parallel zur Linie zu sehen. Jetzt kann man die Fläche farbig ausfüllen oder mit parallel verlaufenden Strichen versehen. Das Kind kann dann die Figur füllen, ohne über den Innenrand hinauszugehen. Die Übung macht besonders Spaß, wenn verschiedene Einsätze übereinandergezeichnet werden und so interessante Muster entstehen. Die verschiedenen Flächen können dann mit verschiedenen Farben ausgefüllt werden. Der schöpferischen Aktivität und Kreativität sind hier keine Grenzen gesetzt. Das Kind wird selbst immer schwierigere und interessantere Formen entdecken. Indirekt übt es sich damit für das Schreiben, den Umgang mit Stiften. Die Fehlerkontrolle besteht darin, daß die Striche mit den Konturen der Einsätze übereinstimmen müssen.

Metallene Einsätze

Natalie: „Man kann die Einsätze nicht nur in die Vertiefungen hineintun, sondern auch wunderbar als Schablonen benutzen. So kann man z. B. viele gleiche Blüten nachzeichnen, wenn man den Einsatz immer nur etwas verschiebt. Man muß ihn aber gut festhalten, denn sonst rutscht der Bleistift ab und man kriegt eine zweite Linie. Das sieht dann nicht so schön aus.“

3.4 Mit allen Sinnen die Buchstaben erfassen: Materialien zum Lesen und Schreiben

Sandpapierbuchstaben

Dieses Material besteht aus den Buchstaben des Alphabets, die aus Sandpapier ausgeschnitten und auf Holz aufgeklebt sind. Die Konsonanten haben einen roten, die Vokale einen blauen Untergrund. Schreiben und Lesen gehen bei Maria Montessori Hand in Hand. Dies wird auch in der Darbietung des Materials deutlich. Zuerst beginnt man ohne Buchstaben. Lediglich ein Laut wird ausgesprochen, etwa O oder I, dann ein Wort, das diesen Laut enthält (z. B. rot, Igel). Nun werden die Kinder ermuntert, weitere Wörter zu suchen. In einer nächsten Stufe zeigt man die Buchstaben. Man beginnt mit drei Buchstaben. Mit dem Zeige- und Mittelfinger der rechten Hand fährt man einen von ihnen in Schreibbewegung langsam nach. Parallel dazu erfolgt die Aussprache des dazugehängten Lautes. Dann schließt sich ein Wort an, in dem wiederum der Buchstabe vorkommt. In gleicher Weise wird der zweite oder dritte Buchstabe eingeführt. Zur Anwendung kommt auch hier wieder die Drei-Stufen-Lektion, wie wir es von allen Montessori-Materialien kennen. Der Buchstabe wird immer wieder mit den Fingern nachgefahren. Sind dem Kind alle Vokale und einige Konsonanten bekannt und vertraut, beginnt man mit der Wortbildung unter Einsatz des beweglichen Alphabets.

Es bieten sich zahlreiche Spiele an, um den Kindern Sicherheit im Umgang mit den Buchstaben zu geben. Aus einer Auswahl von Buchstaben sollen die Kinder den Buchstaben herausfinden, den sie schon kennen: „Sucht die Buchstaben heraus, die ihr kennt." Man beobachtet das Nachfahren mit den Fingern und lauscht auf das Aussprechen des Lautes und kann so prüfen, ob das Kind die aus-gesuchten Buchstaben wirklich kennt. Unbekannte Buch-staben werden vorerst zur Seite gelegt. Nun sucht man nach Wörtern, in denen der betreffende Buchstabe vor-kommt. Die Kinder wiederholen diese Spiele sehr häufig, brauchen dazu nur noch selten die Lehrerin. Sie üben sich mit den Buchstaben, werden mit ihnen vertraut und vor allen Dingen motiviert, bekannte Wörter auf ihre Laute hin zu untersuchen. Es kommt beim Kind zu einer Schu-lung des „Muskelgedächtnisses" durch das Nachfahren des Sandpapierbuchstabens und zu einer Schulung des Auges. Dies ist eine wichtige Vorbereitung auf das Schrei-ben. Durch das Nachfahren der Sandpapierbuchstaben mit den Fingern kann das Kind seine Fehler selbst kontrollie-ren. Wenn es von der rauhen Oberfläche abrutscht, bedeu-tet dies, daß es sich von der Form des Buchstabens ent-fernt. Bereits Kinder in sehr frühem Alter haben viel Freude im Umgang mit diesem Material.

Maria Montessori führt zum Mechanismus des Schrei-bens aus:

„Schreiben ist eine komplexe Handlung, die analysiert wer-den muß. Ein Teil davon bezieht sich auf die motorischen Mechanismen, und ein anderer stellt eine wirkliche Tätig-keit des Verstandes dar. Bei den Bewegungen habe ich zu-nächst die beiden Hauptgruppen unterschieden: Die eine, die mit der Handhabung des Schreibgerätes zu tun hat, und die andere, bei der es sich um das Zeichnen der Form jedes einzelnen Buchstabens handelt. Diese Teile bilden den ‚mo-torischen Mechanismus' beim Schreiben, der sich effektiv durch Maschinen ersetzen läßt, wobei es sich in einem sol-chen Fall auch um einen, wenn auch andersartigen ‚Mecha-nismus' handelt, den man entwickeln müßte, wie dies beim Maschinenschreiben geschieht. [...]

Zuerst einmal die Bewegung, die sich auf die Handhabung des Schreibgerätes bezieht, also auf das Halten von Feder oder Bleistift, die mit den drei ersten Fingern der Hand angefaßt werden und sich von oben nach unten mit jener sichtbaren Gleichmäßigkeit bewegen, die wir gewöhnlich als ‚Schwung‘ der Schrift bezeichnen. Diese Bewegung ist so persönlich, daß wir alle, obwohl wir dasselbe Alphabet benutzen, unseren eigenen Charakter in die Schrift legen; und es gibt genauso viele verschiedene Schriften wie Menschen.

Eine Schrift fälschen ist eine Mühe, die niemals erfolgreich sein kann. Der Ursprung der unendlich geringen Unterschiede zwischen den einzelnen Schriften läßt sich nicht erforschen. Gewiß ist jedoch, daß sie sich in jedem von uns ‚sensitiv fixieren‘, während sich unser eigener ‚Mechanismus‘ festigt und uns für immer hindert, ihn zu ändern. Er wird zu einem der eindeutigsten und unauflösbarsten ‚Erkennungsmerkmale‘ unserer Persönlichkeit. Genauso wie sich in uns der Klang der Stimme, unser Tonfall in der Muttersprache und alle die mechanischen Eigenschaften der Bewegung fixieren, die unsere eigenen ‚funktionellen Merkmale‘ sind, denen es bestimmt ist, sogar zahlreiche unserer einer ständigen, wenn auch langsamen Veränderung unterworfenen physischen Züge zu überleben.

Die ‚motorischen Mechanismen‘ werden im kindlichen Alter fixiert. Das Kind gestaltet die Merkmale seiner eigenen Persönlichkeit und fixiert sie durch eigene Übung – dabei folgt es einer unsichtbaren persönlichen Fährte. In diesem Alter sind die motorischen Mechanismen in ihrer ‚sensitiven Periode‘, sie sind in Bewegung, um den unsichtbaren Befehlen der Natur zu gehorchen. […] Man muß versuchen, herauszufinden, in welchem Alter die Schreibmechanismen zur Fixierung reif sind; zu diesem Zeitpunkt werden sie dies – ‚auf natürliche Weise' – ‚mühelos' tun und dabei Freude und eine Steigerung der Lebensenergie hervorrufen.

Dies ist gewiß nicht das Alter, in dem in gewöhnlichen Schulen versucht wird, die motorischen Mechanismen des Schreibens auszulösen und dabei von der kleinen Hand – die nunmehr erwachsen ist, da sie zahlreiche Bewegungen fixiert hat – die quälende, fast verunstaltende Anstrengung verlangt, auf dem Weg ihrer Entwicklung ‚rückwärts zu gehen'. Die Hand des Sechs- oder Siebenjährigen hat ihre wertvolle Periode der motorischen Sensibilität verloren. Dieses zarte Händchen hat den glücklichen Zeitpunkt verpaßt, in dem sich die Bewegungen koordinieren, in dem die funktionelle Hand geschaffen wird, und ist deshalb zu einer schmerzhaften, unnatürlichen Anstrengung ‚verurteilt'. Man muß zurückgehen, um die kindliche Hand noch unkoordiniert, ‚weich in ihren Funktionen', vorzufinden. Es ist das suchende Händchen des ganz kleinen vierjährigen Kindes, das ‚alles um sich herum berührt', in dem unwiderstehlichen und unbewußten Bemühen, seine endgültigen Koordinationen zu fixieren" (Maria Montessori, Die Entdeckung des Kindes, 1969, S. 226 ff).

Maria Montessori sagt damit ganz klar aus, daß die Vorübungen zum Schreiben und damit auch zum Lesenlernen lange vor dem Schuleintritt liegen, daß aber keineswegs unsere klassischen Erstlese- und -schreibmethoden Eingang finden dürfen in den vorschulischen Bereich. Es ist eine besondere Art der Übung, wenn ich Buchstaben und Laute wahrnehme durch visuelles und taktiles Handeln.

„Bei den von feinen ‚Handbewegungen' begleiteten Sinnesübungen, die das Kind so stark interessieren, daß es dieselben Handlungen unzählige Male wiederholt, finden wir das psychologische Zeitmaß und die äußeren Mittel, die sich gerade für eine Vorbereitung der Schreibmechanismen auf lange Sicht eignen.

Die ‚schreibende Hand' muß ‚zwischen den Fingern ein Schreibgerät halten können' (Feder oder Bleistift usw.), und dieses mit ‚leichter Hand' bei der ‚Aufzeichnung' bestimmter Zeichen führen.

Um das Schreibgerät festzuhalten, genügt es nicht, die drei Finger zu betätigen; auch die Hand, die auf der Schreibfläche ‚leicht' gleiten soll, muß mitarbeiten.

Die anfängliche Schwierigkeit normaler Schüler liegt tatsächlich nicht so sehr darin, die Feder in der Hand zu halten, als eine ‚leichte Hand' zu haben – also die Hand anzuheben und nicht zu belasten. (Der kleine Schüler läßt die Kreide auf der Tafel, die Feder auf dem Papier kratzen und zerbricht häufig Kreidestück und Feder; er hat den Schreibgegenstand angefaßt und hält ihn krampfhaft fest, doch seine Anstrengung liegt im Kampf gegen das Gewicht, das seine kleine zarte Hand nicht halten kann.)

Außerdem ist die noch völlig unkoordinierte Hand nicht in der Lage, so genaue Zeichen wie die Buchstaben zu machen. Etwas auszuführen ist einer Hand eigen, die bereits fähig ist, sich in bestimmter Richtung zu bewegen. Eine sogenannte ‚feste Hand', also eine vom Willen abhängige Hand, ist die erforderliche Voraussetzung für die Vorbereitung zum Schreiben.

Bis man sich so etwas aneignet, bedarf es langwieriger, geduldig wiederholter Übungen. Sollen diese mit dem Erlernen des Schreibens verbunden werden, also zu einem Zeitpunkt, wo die Hand noch ungelenk und zum Schreiben ungeeignet ist, und sich ‚beim Schreiben' verfeinern muß, dann bildet die Hand das größte Hindernis beim Erlernen des Schreibens." (Maria Montessori, Die Entdeckung des Kindes, 1969, S. 228 ff).

Es ist wirklich bedauerlich, daß derartige Erkenntnisse so wenig Eingang finden in unsere Kindergartenarbeit und den Erstunterricht in der Grundschule. Im Einschulungsalter versucht man immer wieder krampfhaft, durch künstliche „Schwungübungen" die Hand zu trainieren, so daß sie im Sinne Maria Montessoris leicht schreiben kann, aber dazu ist es eigentlich beim sechsjährigen Kind schon fast zu spät. So kommt gerade dem Vorschulalter die Bedeutung zu, hier durch Übungen, die die Handmuskulatur trainieren und üben, entsprechende Vorarbeit zu leisten.

Die direkte Vorbereitung auf das Schreiben:
Welche Faktoren machen es aus?

„Wir schicken uns nun an, eine Analyse der Faktoren des Schreibens zu machen, und erläutern dabei bereits erwähnte Dinge. Das Schreiben enthält ein Gewirr von Schwierigkeiten, die sich trennen und Stück für Stück überwinden lassen, und zwar nicht nur durch unterschiedliche Übungen, sondern auch zu verschiedenen Zeitpunkten oder Lebensabschnitten. Die auf jeden Faktor bezogenen Übungen dürfen also nicht vom Schreiben abhängig sein. Denn wenn das Schreiben eine Resultante der verschiedenen Faktoren ist, so sind diese Faktoren, werden sie getrennt, kein Schreiben mehr. Das ist genauso – wollen wir ein Beispiel aus der Chemie nehmen – wie Sauerstoff und Wasser, die aus der Analyse von Wasser herrühren, kein Wasser mehr sind, sondern etwas anderes: zwei Gase, jedes mit eigenen Merkmalen, die jedes für sich existieren können. Wenn wir also von der Analyse von Faktoren sprechen, beabsichtigen wir, die das Schreiben bildenden Elemente in interessante Übungen abzutrennen, von denen jede für sich allein ein Tätigkeitsmotiv beim Kind bilden kann. Das wird etwas ganz anderes als Analysen, die so ausgelegt wurden, daß sie ein Ganzes in seine Teile aufgliederten, die als Detail, als Teil des Ganzen betrachtet werden und folglich ohne Interessen waren. Unsere Analyse der Faktoren belebt hingegen jeden einzelnen Faktor in seiner selbständigen Übung. Sie trennt, doch sie sucht in der Trennung Elemente, die für sich allein stehen oder die sich auf Übungen anwenden lassen, welche einen vernünftigen Zweck verfolgen.

Erster Faktor: Die Handhabung des Schreibgerätes – Zeichnen

Ich habe aus der Neigung der Kinder Nutzen gezogen, in ihren Umrissen festgelegte Figuren durch Striche mit Farbstiften auszufüllen. Dabei handelt es sich um eine primitive Zeichnung oder besser, um einen Vorgang, der dem Zeichnen vorausgeht. Um diese Arbeit interessanter zu gestalten, habe ich dafür gesorgt, daß die Kinder selbst die Umrisse der auszufüllenden Figuren zeichnen konnten, damit diese eine ästhetische Ordnung erhielten, und zwar dadurch, daß dem Kind Auswahlmöglichkeiten gelassen wurden. Zu diesem Zweck habe ich ein Material vorbereitet: die Einsätze aus Eisen, die es gestatten, die Umrisse geometrischer Figuren nachzuzeichnen. Dies hat zu einem dekorativen Zeichnen geführt – sie haben es Kunst der Einsatzfiguren genannt –, das keineswegs so aussieht, als wäre es eine direkte Vorbereitung auf das Schreiben (auf die Einsatzfiguren wurde bereits an anderer Stelle ausführlich hingewiesen).

Zweiter Faktor: Ausführung der Schriftzeichen

Für die andere Gruppe von Bewegungen, also für die Aufzeichnung von Schriftzeichen, gebe ich dem Kind ein Material aus glatten Kartons, auf die Buchstaben aus Sandpapier geklebt sind, die in Schreibrichtung berührt werden. Dadurch fixiert sich die entsprechende Bewegung von Hand zu Arm, die somit in der Lage sind, diese Zeichen wiederzugeben, die das Auge gleichzeitig lange betrachten kann; so wird das Schriftzeichen auf zweifache Weise im Gedächtnis festgehalten: durch Ansehen und Berühren.

Zusammenfassend läßt sich sagen, daß die beiden mechanischen Faktoren sich beim Schreiben in zwei selbständige Übungen entwickeln, nämlich:

Das *Zeichnen*, das der Hand Geschicklichkeit für die Benutzung des Schreibgerätes verleiht, und das *Berühren der Buchstaben, das zur Fixierung des motorischen und gleichzeitig des visuellen Gedächtnisses der Buchstaben dient.*" (Maria Montessori, Die Entdeckung des Kindes, S. 230 f).

Diese Vorgehensweise Maria Montessoris ist einleuchtend und überzeugend. So verwundert es um so mehr, daß sie nicht Eingang gefunden hat in unsere Elementarpädagogik und Grundschuldidaktik. Beobachtet man Kinder ab dem vierten Lebensjahr, wie sie mit Sandpapierbuchstaben umgehen, so hat dies nichts mit dem „Lesen" zu tun. Wir können aber eine hohe Konzentration und ausgeprägtes Interesse wahrnehmen. Die Kinder prägen sich die Richtung der Buchstaben, aber auch deren Form ein. Der eigentliche Erfolg dieser schreibvorbereitenden Übung wird dann mit dem Erlernen unserer Schrift Nutzen bringen. Maria Montessori führt ausführlich aus, wie mit den Sandpapierbuchstaben umgegangen werden soll und muß:

„Dann läßt sie [die Lehrerin] das Kind diese sofort berühren, sagt: ‚Berühre es' und zeigt ihm ohne weitere Erklärung, wie es den Linien des Buchstabens zu folgen hat. Wenn nötig, führt sie selbst den rechten Zeigefinger des Kindes in Schreibrichtung auf dem Schmirgelpapier.

Das ‚Berührenkönnen' und das ‚Nichtberührenkönnen' wird darin bestehen, die Richtung, in der ein bestimmtes Schriftzeichen nachzuziehen ist, zu kennen.

Das Kind lernt sofort; sein bereits bei der Tastübung geübter Finger wird durch das zarte, feine Sandpapier genau der Linie des Buchstabens entlanggeführt. Es kann also alleine unzählige Male die zur Nachbildung des Buchstabens erforderlichen Bewegungen wiederholen, ohne befürchten zu müssen, sich zu irren. Dabei zieht es Zeichen in Schönschrift nach, und wenn es abweicht, macht es das Gefühl von Glätte sofort auf seinen Fehler aufmerksam.

Kaum haben die Vier- oder Fünfjährigen etwas Erfahrung mit diesem Betasten gesammelt, macht es ihnen sicher großen Spaß, dies mit geschlossenen Augen zu wiederholen. So lassen sie sich von dem Sandpapier beim Nachziehen der Form leiten, ohne sie zu sehen. Man kann ohne weiteres behaupten, daß tatsächlich die Wahrnehmung der direkten Tast-Muskelempfindung des Buchstabens den Hauptbeitrag zum endgültigen Erfolg leistet. […] Das kleine Kind hingegen bewegt die Hand nicht nach dem sichtbaren Bild; nicht dieses weckt sein Interesse, sondern die Tastempfindung führt die Hand des Kindes dazu, diese Bewegung zu machen, die sich danach im Muskelgedächtnis fixiert.

Wenn die Leiterin die Buchstaben ansehen und berühren läßt, wirken gleichzeitig zwei Empfindungen mit: visuelle, Tast- und Muskelempfindung. Folglich setzt sich das Bild des Schriftzeichens in sehr viel kürzerer Zeit fest als bei den üblichen Methoden, bei denen sich das Kind nur das visuelle Bild aneignete.

Es ist weiterhin zu beachten, daß das Muskelgedächtnis beim kleinen Kind am nachhaltigsten und gleichzeitig am schnellsten ist. Denn manchmal erkennt es den Buchstaben nicht beim Anschauen, sondern beim Berühren. Diese Bilder werden gleichzeitig mit dem auditiven Bild des alphabetischen Lautes verknüpft." (Maria Montessori, Die Entdeckung des Kindes, 1969, S. 235 f).

Als Erzieher oder Eltern werden Sie sich fragen, warum gerade den Sandpapierbuchstaben, und damit dem Grundmaterial für das Lesen und Schreiben, in diesem Buch soviel Aufmerksamkeit gewidmet wird. Kinder haben immer wieder Schwierigkeiten im Erkennen von Buchstaben, im Erfassen der Unterschiede der einzelnen Zeichen. Übungen, die hier Abhilfe schaffen sollen, beschränken sich häufig nur auf das unentwegte Abschreiben und Üben des einzelnen Buchstabens, jedoch in einseitiger Weise. Montessori hingegen gibt uns Anregungen, wie Buchstaben ganzheitlich erfaßt werden können. Dies ist in Familien oder Kindertageseinrichtungen jederzeit umsetzbar. Es ließen sich z. B. auch Buchstaben mit dicken Wollfäden auf Teppichresten auflegen und mit den Fingern nachfahren. Wichtig ist eben die – oben beschriebene – dreidimensionale Übung beim Lesen und Schreiben.

„Ich halte es nicht für zweckmäßig, beim Lehren der Konsonanten einer besonderen Regel zu folgen. Sehr häufig führt die Neugier eines Kindes für ein Schriftzeichen dazu, den gewünschten Konsonanten zu lehren; ein ausgesprochener Name weckt im Kind das Interesse, zu erfahren, welcher Konsonant zu seiner Zusammensetzung erforderlich ist. Dieser Wille des Kindes ist als Mittel viel wirksamer als jede Überlegung über die zu wählende Reihenfolge. Es empfindet offensichtlich Vergnügen dabei, die Laute der Konsonanten auszusprechen. Für das Kind ist die Serie so verschiedenartiger und bekannter Laute, die beim Vorzeigen eines rätselhaften Zeichens, wie es der Buchstabe ist, entstehen, ganz neu. Darin liegt etwas Geheimnisvolles, das unsägliches Interesse erzeugt. Eines Tages war ich auf der Terrasse, während die Kinder zwanglos spielten. Neben mir stand ein zweieinhalbjähriger Junge, den seine Mutter einen Augenblick allein gelassen hatte. Auf einige Stühle hatte ich komplette gemischte Alphabete verteilt, die ich in die zugehörigen Kästen legte. Nach Beendigung der Arbeit stellte ich die Kästen auf kleine Stühle. Der Kleine schaute zu, kam näher und nahm einen Buchstaben in die Hand: F. In diesem Augenblick rannten die Kinder im Gänsemarsch herum. Als sie den Buchstaben sahen, gaben sie den entsprechenden Laut von sich und liefen vorbei. Der Kleine achtete nicht darauf. Er legte das F aus der Hand und nahm ein R. Die laufenden Kinder, die lachend zusahen, begannen ihm zuzurufen: R, R, R! Langsam begriff der Kleine, daß jeder Buchstabe, den er in die Hand nahm, einem anderen Laut entsprach. Dies machte ihm solches Vergnügen, daß ich ganz bewußt beobachten wollte, wie lange er dieses Spiel durchhalten würde, ohne zu ermüden; es dauerte eine volle Dreiviertelstunde! Die Kinder hatten an dem Spiel Interesse gefunden, sie blieben grüppchenweise stehen, sprachen im Chor die Laute nach und lachten über die Verwunderung des Kleinen. Er, der mehrfach das F genommen, hochgehoben und dabei von seinem Publikum den gleichen Laut gehört hatte, nahm es schließlich auch einmal auf, zeigte es mir und sagte selbst: ‚F, F, F'. Er hatte diesen Laut in dem großen Durcheinander der gehörten Laute gelernt; der lange Buchstabe, der die im Gänsemarsch laufenden Kinder zum Lachen brachte, hatte ihn beeindruckt.

Es ist überflüssig, zu betonen, daß die getrennte Aussprache der alphabetischen Laute die Beschaffenheit der

Aussprache enthüllt: Die Fehler, die fast alle mit der unvollständigen Entwicklung der Sprache selbst zusammenhängen, werden sichtbar, und die Leiterin kann sie sich leicht einzeln merken. Hier kann ein Kriterium des Fortschritts im Einzelunterricht entstehen, je nach dem Stadium der Entwicklung, in welchem sich die Sprache des Kindes befindet.

Da es sich darum handelt, die Sprache zu verbessern, ist es zweckmäßig, die physiologischen Regeln ihrer Entwicklung zu verfolgen und die Schwierigkeiten zu staffeln. Ist die Sprache des Kindes jedoch bereits weit genug entwickelt und spricht es alle Laute aus, dann spielt es keine Rolle, ob es eher den einen oder den anderen während des Unterrichts der Schriftsprache beim Lesen der Zeichen aussprechen soll" (Maria Montessori, Die Entdeckung des Kindes, 1969, S. 237 f).

Maria Montessori stellt weitere Materialien zum Lesen und Schreiben zur Verfügung:

– Das bewegliche Alphabet,

– Materialien zum Erstlesen wie z. B. eine Schachtel mit Gegenständen, deren Name lautgetreu geschrieben werden, wie z. B. Hut, Rose, Nagel usw.,

– Materialien zur Unterscheidung und zur Funktion des Artikels,

– Rätselumschläge,

– Phonogramme,

– Materialien zum Adjektiv, Verb, Adverb,

135

– Materialien zur Vorbereitung der Satzanalyse,

– Sprachkästen,

– Auftragskasten zum Adjektiv,

usw.

Auf diese Materialien kann hier nicht im einzelnen eingegangen werden, doch sollte die grundsätzliche Methode
Maria Montessoris erkennbar und durchschaubar geworden sein.

Auf einige weitere Gedanken Montessoris, nämlich „die
von Mechanismen befreite Intelligenz" soll nochmals mit
einem Originaltext eingegangen werden:

„Schreiben und Lesen sind etwas ganz anderes als die
‚Kenntnis' alphabetischer Zeichen. Diese existieren tatsächlich, wenn sich ‚das Wort' anstelle des Schriftzeichens
als Element festsetzt. Auch die gesprochene Sprache beginnt mit dem ersten Auftreten von sinnvollen ‚Worten'
und nicht bereits mit Lauten, die Vokale und Silben darstellen können. Findet sie in ihren höchsten Mitteln einen
Ausdruck, so ‚verwendet' die Intelligenz die Mechanismen, welche die Natur oder die Kunst der Erziehung in
ihren Dienst gestellt oder für sie vorbereitet haben, ‚um
Worte zusammenzusetzen'.

Es gibt also etwas, das von dem bei der Analyse der
Bewegungen zum Schreiben von bisher Beschriebenem
ganz verschieden ist und die Vorstufe bei der Festigung
dieser Sprache darstellt, als die man das wirkliche und
wahrhaftige Schreiben und Lesen bezeichnen kann, und
zwar die ‚Zusammensetzung' der Worte. ‚Worte, aus
Schriftzeichen zusammenzusetzen' muß nicht unbedingt

mit Schreiben und Lesen verschmelzen, es ist vielmehr nützlich, diesen Vorgang abzutrennen, der von seinen höheren Verwendungszwecken ganz unabhängig sein kann.

Die Intelligenz des Kindes kann ein ‚intensives Interesse' bei der wundervollen Tatsache empfinden, ein Wort durch Zusammenfügung der Buchstaben, dieser symbolischen Zeichen, darstellen zu können.

Worte zu schaffen ist am Anfang sehr viel anziehender, als sie zu lesen; es ist sehr viel ‚leichter', als sie zu schreiben, weil dazu die Super-Arbeit noch nicht fixierter Mechanismen erforderlich wird.

Also bieten wir dem Kind als Übung und Auftakt das nachstehend beschriebene Alphabet. Durch Auswählen und Nebeneinanderlegen der Buchstaben setzt es Worte zusammen. Seine manuelle Arbeit besteht nur darin, die ihm bekannten Formen aus einem Fach zu nehmen und auf einem Teppich anzuordnen. Das Wort wird ‚Buchstabe für Buchstabe' entsprechend den Lauten zusammengesetzt, die es bilden. Da es sich nun bei den Buchstaben um bewegliche Gegenstände handelt, ist es leicht, die gebildete Zusammensetzung durch Umlegen zu korrigieren. Dieses Studium der Wortanalyse ist ein ausgezeichnetes Mittel zur Vervollkommnung der Rechtschreibung" (Maria Montessori, Die Entdeckung des Kindes, S. 240 f).

Maria Montessori spricht immer wieder davon, daß Kinder die Buchstaben auf verschiedene Art und Weise absorbieren, sie aufnehmen, dann mit Hilfe des beweglichen Alphabetes selbst Worte zusammenstellen, und schließlich mit einem Mal schreiben können (es kommt gewissermaßen zu einer „Explosion" des Schreibens). Die Kinder erlangen dann die Bereitschaft, selbst zu schreiben und dies immer wieder zu üben. Dabei geht es nicht um ein vorgegebenes Abschreiben oder ein Schreiben nach Diktat,

sondern vielmehr um das Festhalten selbst ausgewählter
Begriffe mit den Möglichkeiten der Buchstaben.

„Erst wenn das Kind begonnen hat, spontan zu schreiben,
muß die Lehrerin eingreifen, um den Fortschritt beim
Schreiben zu lenken.

Ihre erste Hilfe besteht darin, auf die Tafel Linien zu ziehen, damit das Kind dazu angehalten wird, Ordnung und
Maße beim Schreiben zu beachten.

Die zweite besteht darin, das zögernde Kind zu veran-
lassen, die Buchstaben aus Schmirgelpapier weiter zu berühren, ohne es jemals direkt anhand der ausgeführten
Schrift zu korrigieren; das heißt also, daß sich das Kind
nicht durch Wiederholen der vorbereitenden Übungen ver-
vollkommnet. Ich erinnere mich an einen kleinen Anfän-
ger, der, um auf der linierten Tafel den Buchstaben in schö-
ner Form zu schreiben, die dünnen Kartons neben sich
legte, zwei- oder dreimal alle Buchstaben berührte, die er
für die zu schreibenden Wörter benötigte und dann erst
schrieb; kam ihm ein Buchstabe nicht schön genug vor,
wischte er ihn aus, berührte nochmals den Buchstaben auf
dem Karton und schrieb ihn dann.

Unsere Kleinen, auch wenn sie bereits seit einem Jahr
schreiben können, machen weiterhin ihre Vorbereitungs-
übungen, die genau so, wie sie geschriebene Sprache aus-
lösen, diese auch vervollkommnen: Unsere Kinder lernen
also schreiben und werden dabei, ohne zu schreiben, immer vollkommener. Das eigentliche Schreiben ist ein Beweis und der Ausbruch eines inneren Impulses, es ist die
Genugtuung darüber, sich einer höheren Tätigkeit zu widmen. Es ist keine Übung. [...]

Die Kinder erlernen das Schreiben in sehr kurzer Zeit,
weil der Unterricht erst bei denen beginnen wird, die den
Wunsch dazu zeigen, durch spontane Aufmerksamkeit bei

den Lektionen, die die Leiterin anderen Kindern gibt, und bei Übungen, mit denen sich andere Kinder beschäftigen. Einige lernen, noch bevor sie Unterricht erhalten haben, nur weil sie beim Unterricht für die anderen zugehört haben.

Im allgemeinen interessieren sich alle Kleinen von vier Jahren an lebhaft für das Schreiben. Einige unserer Kinder haben jedoch mit dreieinhalb Jahren damit angefangen. Die lebhafte Begeisterung äußert sich besonders beim Berühren der Buchstaben auf Sandpapier. Während der ersten Periode meiner Versuche, das heißt, als die Kinder zum ersten Mal die Buchstaben des Alphabetes sahen, bat ich eines Tages die Leiterin Bettini, die verschiedenen Typen von Kartons, die sie selbst angefertigt hatte, auf die Terrasse zu bringen, wo die Kinder spielten. Kaum wurden die Kinder ihrer ansichtig, scharten sie sich auch schon mit ausgestrecktem Finger um die Leiterin und mich. Ihre kleinen Finger berührten zu Dutzenden die Buchstaben, wobei die große Schar der Kinder dicht zusammengedrängt stand. Schließlich gelang einigen der Größeren, uns die Karten aus der Hand zu reißen. Dabei gaben sie sich der Illusion hin, sie nun als Besitzer zu berühren, doch die vielen Kleinen hinderten sie, die Übung durchzuführen. Ich entsinne mich, mit welchem spontanen Schwung die Besitzer der Karten sie danach mit den Händen griffen, wie Banner hochhielten und zu gehen anfingen, gefolgt von all den Kindern, die in die Hände klatschten und helle Freudenschreie ausstießen.

Die Prozession zog an uns vorbei; alle, Große und Kleine, lachten laut, während die von dem Lärm angezogenen Mütter aus dem Fenster gelehnt dem Schauspiel zuschauten.

Die mittlere Periode, die sich auf die Zeit zwischen dem ersten Übungsversuch bis zum ersten geschriebenen Wort erstreckt, dauert bei Vierjährigen eineinhalb Monate. Bei Fünfjährigen ist die Zeitspanne sehr viel kürzer, etwa ein Monat. Eines unserer Kinder lernte jedoch, mit allen Buchstaben des Alphabets, in 20 Tagen schreiben. Nach zweieinhalb Monaten schreiben Vierjährige vom Diktat jedes Wort und können anfangen, mit Tinte in Hefte zu schreiben. Im allgemeinen sind unsere Kleinen nach drei Monaten erfahren; wenn sie sechs Monate lang schreiben, lassen sie sich mit Kindern aus der 3. Grundschulklasse vergleichen.

Schließlich ist das Schreiben eine der leichtesten und beliebtesten Errungenschaften für die Kinder.

Wäre Lernen für Erwachsene genauso leicht wie für Kinder unter sechs Jahren, ließe sich in einem Monat das Analphabetentum beseitigen. Vielleicht würden aber zwei Hindernisse den glänzenden Erfolg vereiteln. In keinem Fall besitzen Erwachsene die in den Kleinen durch die psychische Sensibilität erzeugte Begeisterung, eine Begeisterung, die jedoch nur während der konstruktiven Periode existiert, welche die Natur uns für die Bildung der Sprache schenkt. Außerdem ist die Hand des Erwachsenen schon zu steif, um leicht die zum Schreiben erforderlichen behutsamen Bewegungen auszuführen." (Maria Montessori, Die Entdeckung des Kindes, 1969, S. 250 ff).

Mit den Sandpapierbuchstaben haben diese Ausführungen begonnen, und sie enden auch mit der Bedeutung der Sandpapierbuchstaben. Sie bieten eine hervorragende Möglichkeit, Kinder in kindgemäßer und ihrer Entwicklung entsprechender Weise auf das spätere Schreiben vorzubereiten.

Vielleicht sind Sie durch diese Ausführungen neugierig geworden, mehr zu erfahren über das Schreiben, Lesen und die Sprachentwicklung nach Methoden Maria Montessoris. Dann sollten Sie sich auf den Weg machen und Kinder entdecken. In ihrem Buch „Die Entdeckung des Kindes" geht Montessori ganz explizit auf diese Bereiche ein. Die Beschäftigung mit ihren Methoden zahlt sich aus, und ihre Methoden sollten wieder verstärkt Eingang finden in unsere heutige Pädagogik. Vielleicht gelingt es, mit diesen Ausführungen das Interesse an Maria Montessori von neuem zu wecken.

3.5 Schlüssel zur Entdeckung der Natur: das Biologiematerial

Maria Montessori mißt in ihrer Pädagogik der Natur eine ganz besondere Bedeutung zu. In Montessori-Einrichtungen finden wir nicht selten auf den kleinen Tischen Gefäße mit Blumen oder Zweigen. Auf den Fensterbänken befinden sich oft Blumenständer mit Pflanzen, die die Kinder beobachten oder vergleichen können. Die Blätter sind verschieden geformt, die Bedürfnisse der Pflanzen sind verschieden: Die eine braucht viel Wasser, die andere wenig; sie werden nur gedeihen, wenn die Kinder diese Verschiedenheit achten. Montessori selbst achtet und bewundert die Ergebnisse der Naturwissenschaften. Mit verschiedenen Übungen versucht sie Kindern einen Schlüssel zur Entdeckung der Welt zu vermitteln und sie die Natur und den Kosmos unmittelbar erfahren zu lassen.

„Zu den Erfahrungen, die das Kind durch Exkursionen, Beobachtungen und Versuche an der Wirklichkeit macht, gibt Montessori ergänzende Materialien, die helfen, das Einzelne zu klassifizieren und einzuordnen. Tabellen helfen, einen Einblick in den Aufbau des Tierreichs und des Pflanzenbereichs zu gewinnen oder Namen, Bezeichnungen für das Geschehene zu finden. Diagramme stützen die Beobachtung. Montessori ist der Systematik nicht abgeneigt, vorausgesetzt, daß nie Beobachtung, eigene Entdekkung und Erfahrung fehlen. Je stärker die Fähigkeit wird, Ordnung zu erkennen, um so größer kann die Hingabe an die Erscheinung des Individuellen sein, ohne daß sich der Blick oberflächlich ins Viele verliert" (Helene Helming, Montessori-Pädagogik, 1997, S. 130).

So gehört zum Biologiematerial in der Montessori-Pädagogik z.B. die Kommode mit den Blättern. Ähnlich wie bei den metallenen Einsätzen oder der hölzernen Einsatzkommode finden wir hier verschiedene Blattformen. Die Kinder können so unabhängig vom Objekt in der Natur die unterschiedlichen Blattformen nochmals vertieft kennenlernen. In der Natur beobachten sie dann die verschiedenen Blattformen und begreifen, warum für die einzelne Pflanze die bestimmte Form besonders wichtig zum Überleben ist. Gleichzeitig eröffnet sich dem Kind ein Einblick in die Vielfalt der Natur. So ist am selben Baum mit scheinbar denselben Blättern noch lange nicht jedes Blatt gleich in seiner Farbe, seiner Struktur oder seiner Form und Größe.

Im praktischen Alltag, in Familie, Kindergarten oder Schule spielt bei Montessori aber auch die natürliche Begegnung mit der Natur eine ganz wesentliche Rolle. Es ist also nicht so, daß sie Natur auf Biologiematerial beschränkt.

„Unser Garten
Eine weitere Schlußfolgerung, zu der wir gelangt sind, als wir die Kinder in die Lage versetzten, ihre Neigungen frei zu äußern, bestand darin, den Acker oder Garten auf geistige Bedürfnisse zu ,begrenzen'. Der Glaube, es sei wün-

schenswert, den Kindern dafür ‚einen unbegrenzten Raum'
zu geben, ist allgemein verbreitet. Das Kind wurde hierbei
nämlich unter dem Gesichtswinkel des physischen Lebens
betrachtet, die Grenzen schienen durch die Geschwindig-
keit seiner Beine beim Laufen gegeben. Allerdings erkennen wir, auch wenn wir den ‚Lauf' als Grenze des Geländes
ansehen, falls wir diese Begrenzung einigermaßen genau
festlegen wollen, daß diese Grenzen sehr viel enger gezogen sind, als wir es uns vorstellen können. Auf einem
riesigen Platz spielen und rennen die Kinder immer an
derselben Stelle, in derselben Ecke, demselben beengten
Raum. Alle lebenden Wesen neigen dazu, sich zu lokali-
sieren und sich Grenzen zu setzen.

Dieses Kriterium läßt sich auch beim Betrachten des
Seelenlebens anwenden. Die Grenzen müssen das richtige
Maß zwischen Übertreibung und Mangel an Raum und an
Dingen haben. Das Kind liebt das sogenannte ‚Erzieheri-
sche Gärtchen' nicht, wenn es zu klein und nur ein arm-
seliger Besitz ist, der noch nicht einmal seine individuelle
Eigenliebe befriedigt. Ob es ihm nun gehört oder nicht, das
spielt für das in seinen Bedürfnissen befriedigte Kind keine
Rolle. Was es will, ist eben diese Befriedigung. Es muß
soviel Pflanzen überwachen können, wie in sein Bewußtsein eindringen, wie sich in seinem Gedächtnis festsetzen,
so daß sie ihm bekannt sind.

Auch für uns ist ein Garten mit zu vielen Pflanzen, zu
vielen Blumen ein Ort voller ‚Unbekannter', deren Leben
unserem Geist fremd bleibt. Die Lungen werden dann gut
durchatmen, doch es kommt keine Verbindung zur Seele
zustande. Auch ein kleines Bild kann uns nicht befriedigen, denn es enthält nur armselige, für unsere Bedürfnisse
nicht ausreichende Dinge, stillt den Hunger des Geistes
nicht, der in ein direktes Verhältnis zur Schöpfung kommen will. Es gibt also Grenzen, die Grenzen unseres Gar-

tens, in dem uns jede Pflanze liebgeworden ist und uns ihre sinnhafte Hilfe bei der Aufrichtung unseres innersten Selbst gibt. [...] [Bei späteren Versuchen von Mario Montessori wurde die wissenschaftliche Erziehung in der Natur auf breiterer Basis entwickelt. Es ist unmöglich, an dieser Stelle über die umfangreichen Arbeiten und das reichhaltige und überraschende Material zu berichten, das ausschließlich aus dem Interesse der Kinder und ihrer Tätigkeit entstand. Es soll genügen, daran zu erinnern, daß es einen großen Teil der Morphologie und Klassifizierung des Tier- und Pflanzenreiches umfaßt und so eine Vorbereitung und Einführung in das experimentelle Studium der Physiologie darstellt. Eine besondere, wissenschaftlich fundierte Sorgfalt wird ebenfalls auf die Vorbereitung von Aquarien und Pflanzenkulturen verwandt, die in keiner Schule fehlen sollten. Eine spontane und bewußte Erforschung der Natur folgte auf diese Vorbereitung in der Schule und führte zu einer ganzen Reihe von Entdeckungen durch die Kinder selbst. Auf dieser Grundlage war der Boden für eine umfassende und weitblickende Entwicklung in der Grundschule vorbereitet, entsprechend einer für die Kinder charakteristischen Notwendigkeit der Sinne und der Bewegung, die benutzt wurde, um grundlegende Erkenntnisse zu vermitteln. Diese Entwicklung half bei der Lösung des Problems, das Interesse größerer Kinder zu befriedigen, ohne sie vorher zu einer erschöpfenden Anstrengung, zur Beherrschung von Terminologie und von statischen Begriffen zu zwingen, wenn das Interesse daran schon nachgelassen hat. Es ist das kleinere Kind, das spontan und voll Begeisterung die Grundlage schafft, die dann das größere Kind benutzt, um seine höheren Interessen zu befriedigen.]" (Maria Montessori, Die Entdeckung des Kindes, 1969, S. 85 f).

3.6 Länder und ihre Namen kennenlernen: das Geographiematerial

Auch im Bereich der Geographie gehen viele Materialien auf Maria Montessori zurück. So sind der Globus und die Landkarten, die man puzzleartig auseinandernehmen kann, unverzichtbarer Grundstock zur Vermittlung früher geographischer Kenntnisse. Hinzu kommen Fähnchen mit den Landesflaggen sowie Kärtchen mit den Namen von Ländern und Kontinenten. Hier kommt es zu einer Steigerung in der Differenzierung des Materials für die verschiedenen Altersstufen. Für den Kleinkindbereich gehören der Globus und auch einfache Landkarten zu den selbstverständlichen Materialien einer Montessori-Einrichtung. Mit welcher Spannung entdecken Kinder z.B., daß, wenn man das eine Land herausnimmt, es aussieht wie ein Stiefel. Zu einem späteren Zeitpunkt erfährt das Kind, daß dieses Land Italien heißt. Jetzt kann es den Begriff und die Form des Landes vielleicht um eigene Erfahrungen ergänzen, die es während eines Ferienaufenthaltes dort bereits gemacht hat.

3.7 Die Weiterentwicklung von Montessori-Materialien

In der praktischen Arbeit in Montessori-Kinderhäusern und Montessori-Schulen entstehen immer wieder Varianten und Weiterentwicklungsformen von Materialien, deren Grundgedanken auf Maria Montessori zurückzuführen sind. Allen Montessori-Materialien gemeinsam ist wohl, was der bedeutende Pädagoge Pestalozzi mit folgenden Worten ausdrückt: „Langsam selber auf eigene Erfahrung kommen ist besser, als schnelle Wahrheiten, die andere Leute einsehen, durch Auswendiglernen ins Gedächtnis bringen und, mit

Worten gesättigt, den freien, aufmerksamen und forschenden Beobachtungsgeist seines eigenen Kopfes verlieren."

Montessori-Materialien und die Arbeit mit der Montessori-Methode bieten Freiheit für den eigenen Forscherdrang und die eigene Neugierde. Kinder entdecken selbst
Zusammenhänge und prägen sie sich ein. Denken wir nur
z. B. an die schreib- und lesevorbereitenden Übungen mit
den Sandpapierbuchstaben. Reines Auswendiglernen oder
monotones Üben eines bestimmten Vorganges bringt Kinder nicht weiter. Es bedarf intrinsischer Motivation, einer
Motivation also, die aus dem Inneren des Kindes kommt.
So wird das Kind die Dinge erkennen, weiterentwickeln
und dann verinnerlichen. Was Kinder verinnerlicht, absorbiert haben, können sie dann in den gegebenen Situationen
anwenden. Dies gilt gleichermaßen für Alltagssituationen,
Problemsituationen im Leben oder auch schulische Tech-
niken und Lerninhalte. Was Kinder mit all ihren Sinnen
erfahren haben, das können sie später abstrahieren und
übertragen in die Zeichen unserer Schriftsprache. Sprache
und Worte aber bleiben leer, wenn sich dahinter keine
Erfahrungen verbergen und sie nicht auf einem großen
Erfahrungsschatz beruhen.

So ist die Arbeit in einem Montessori-Kinderhaus keine
Vorbereitung auf die Grundschule, sondern ein Beginn des
Unterrichts, der ohne Unterbrechung fortgeführt wird.

„Bei unserer Methode läßt sich die ‚vorschulische' Periode
von der ‚schulischen' nicht unterscheiden. Denn hier wird
der Unterricht des Kindes nicht durch Programm gelenkt,
sondern durch das Kind selbst, das mit Hilfe körperlicher
und geistiger Arbeit lebt und sich entfaltet und einige Bil-
dungsstufen erreicht, die normalerweise in die darauffol-
genden Altersklassen fallen.

Das Bedürfnis, zu beobachten, nachzudenken, zu lernen und auch sich zu konzentrieren, sich zu isolieren und von Zeit zu Zeit die Tätigkeit durch Stille zu unterbrechen, hat sich beim Kind so deutlich gezeigt, daß wir mit voller Gewißheit feststellen können, daß der Gedanke falsch ist, kleine Kinder würden sich außerhalb eines zu ihrer Erziehung geeigneten Ortes ausruhen. Es ist indessen eine Pflicht, die kindliche Aktivität zu lenken und dabei dem Kind unnötige Anstrengungen zu ersparen, die seine Energie zersplittern, seine instinktive Suche nach Erkenntnissen irreleiten und so oft der Grund für nervöse Störungen und Mängel bei der Entwicklung sind. Die Pflicht, sich für die Erziehung ganz kleiner Kinder einzusetzen, verfolgt also nicht den materiellen Zweck, den Eintritt in die Periode des obligatorischen Unterrichts zu erleichtern, es ist vielmehr eine Verpflichtung dem Leben und folglich dem Wohl des Kindes gegenüber. [...]

Die Kleinen in den Kinderhäusern wurden in vier Bildungszweige eingeführt: Zeichnen, Schreiben, Lesen und Arithmetik, die in der Grundschule dann unmerklich weiterverfolgt werden.

Diese Zweige ergeben sich aus der Ausbildung der Sinne, welche die Vorbereitung und die Anfangsimpulse aller vier enthalten, die daraus mit einer Art Ungestüm hervorbrechen. Tatsächlich ergibt sich Arithmetik aus einer Sinnesübung zur Schätzung der Dimensionen, also der quantitativen Beziehungen zwischen den Dingen; Zeichnen stammt aus einer Erziehung des Auges, Formen zu beurteilen und Farben zu unterscheiden, und gleichzeitig aus der Vorbereitung der Hand, die Umrisse bestimmter Gegenstände nachzuzeichnen; Schreiben ergibt sich aus einer komplexen Gesamtheit von Tastübungen, welche die leichte Hand dazu bringen, sich in bestimmte Richtungen zu bewegen, das Auge, abstrakte Umrisse und Formen zu analysieren, das Gehör, die Laute der Stimme zu vernehmen, die beim Sprechen die Wörter in all den Lauten formt, die das aus dem Schreiben entstehende Lesen ergeben, wobei die individuellen Erfolge beim Sammeln der aus den Schriften anderer entdeckten Sprache erweitert werden. Diese Errungenschaften sind machtvolle Äußerungen innerer Energie, die sich explosiv offenbaren: Das Kind verbindet den Ausbruch der höheren Aktivität mit Begeisterung und Freude. Es handelt sich also nicht um eine trockene Lehre, sondern um eine triumphierende Äußerung der Persönlichkeit, welche die Mittel fand, den tiefen Lebensbedürfnissen zu entsprechen. [...]

Der wirkliche Mittelpunkt dieser Erfahrung ist jedoch die Entdeckung auf dem Gebiet der Kinderpsychologie. Jede spätere Entwicklung folgt der ersten Offenbarung, die uns die Kinder von San Lorenzo gaben: die seltsame, unerklärliche Fähigkeit, mit Hilfe des beweglichen Alphabetes lange Wörter wiederzugeben, deren Bedeutung sie noch nicht einmal kannten; das erstaunliche Phänomen der Explosion des Schreibens, aber auch die fast an Wunder grenzende Festigung der spontanen Disziplin bei so kleinen Kindern. All dies geschah ganz unerklärlicherweise, da ihr Unterricht nicht direkt auf dieses Ziel gerichtet war, und sie auch keinem Zwang unterworfen waren. Und doch traten diese Phänomene nicht nur einmal in einer speziellen Umgebung auf. Sie wiederholten sich in allen Teilen der Welt, in denen unser System ernsthaft und exakt angewandt wurde." (Maria Montessori, Die Entdeckung des Kindes, 1969, S. 355 ff).

Von allen Montessori-Materialien geht also eine Faszination aus, die die Eigenkräfte des Kindes mobilisiert und in ihnen eine nicht zu bändigende Neugier und einen immer wiederkehrenden Forscherdrang weckt. Die Kinder sind aus sich heraus aktiv. Sie handeln aus einem eigenen tiefen, für den

Erwachsenen unerklärlichen Interesse. Sie lassen sich nicht ablenken, sondern überraschen den Erwachsenen, indem sie weit über das geschätzte Zeitmaß hinaus sich mit einem Material beschäftigen. Es wird ihnen nicht langweilig, sie wiederholen Übungen unendlich oft, obwohl sie sie längst beherrschen. Sie brauchen dies zur Bestätigung des eigenen Tuns, um zu erfahren, daß sie diese Übung alleine bewältigen können, niemanden dazu brauchen, keinen Erwachsenen, der sie berät oder verbessert oder auf sie einredet. Sie wollen aber auch nicht gestört sein. Sie brauchen Freiheit und Ruhe, damit sie ihre volle Konzentration entfalten können. Ein unverzichtbares Medium für diese Entwicklung sind die Montessori-Materialien. Nimmt man ihre Wirkung zusammen, dann bilden sie tatsächlich die absoluten Grundlagen für alles, was wir unter dem Überbegriff „Zeichnen" zusammenfassen können oder unter dem Begriff „Schreiben" oder unter dem Begriff „Lesen" oder unter den Begriffen „Mathematik" und „Arithmetik". Es ist fast nicht zu glauben, daß sich Kinder in winzig kleinen Puzzleteilchen Fähigkeiten aneignen, die sich sukzessive mit zunehmendem Alter zu größeren Elementen zusammenfügen. Hier zeigt uns das Kind, daß es selbst in der Lage ist, die große Aufgabe des „Baumeisters zum Menschen" zu bewältigen.

4. Alles andere als weltfremd: was der Umgang mit Montessori-Materialien im Alltag bedeutet

Immer wieder taucht die Frage auf, und dies insbesondere von pädagogischen Laien oder auch von Eltern, ob denn die Montessori-Materialien nicht „trocken" seien und die Kinder eher weltfremd beeinflussen würden. Blicken wir zurück auf die hier vorgestellten Materialien, so stellen wir fest, daß alle Fähigkeiten und Fertigkeiten, die Kinder im Umgang damit erwerben können, eine ganz wesentliche Bedeutung bei der Bewältigung unseres Alltags haben. Wenn wir Kinder beobachten, dann stellen wir auch fest, wie sie ihre Erfahrungen in den Alltag einbringen. Nehmen wir das Beispiel mit den Wärmeplättchen. Wenn sie wahrgenommen haben, daß Materialien und Gegenstände unterschiedliche Temperaturen haben, so wollen sie dies erproben. Sie fassen alles an und vergleichen und machen dabei ganz wichtige Erfahrungen. Gleiches gilt für die barischen Plättchen oder für die Zylinderblöcke. Es ist gleich, welches Material wir hier jetzt herausgreifen. Bei den Zylinderblöcken wird dem Kind z. B. deutlich, daß Gegenstände nicht nur eine unterschiedliche Größe haben, unterschiedlich breit oder tief sein können, sondern daß eine Öffnung übereinstimmen muß mit dem Gegenstand, der hineingesteckt werden soll. Stimmt die Größe nicht überein, so läßt sich die Aufgabe nicht lösen. Im Alltag findet diese Aufgabe sich etwa im richtigen Schlüssel für das richtige Türschloß wieder. Das Montessori-Material ist als ein Schlüssel in unsere Welt zu verstehen. Je mehr differenzierte Übungsmöglichkeiten das Kind hat, desto leichter und besser wird sich ihm diese Welt erschließen. Viele Materialien lassen sich durch eigens hergestellte Übungsmaterialien ergänzen, sei es aus Stoffrestchen zum Tasten oder kleinen Gegenständen, die man in Tastbeutelchen einfüllt. Dabei kommt es nicht darauf an, daß das selbst hergestellte Material in erster Linie sehr gut verarbeitet ist. Wenn das Material fertig zur Verfügung steht, läßt nicht selten das Interesse der Kinder nach. Wichtig ist der Prozeß der Herstellung. So haben beispielsweise Kinder in einer Kindergruppe beschlossen, ein Tastmemory selbst herzustellen. Sie sind von den Erfahrungswerten mit dem Sinnesmaterial zum Tasten ausgegangen. Dementsprechend tragen sie ganz verschiedene Stoffe zusammen, die sich stark oder auch weniger stark unterscheiden. Es werden gleich große Stücke auf Pappkarton oder Holzstückchen aufgeklebt, immer ein Paar mit dem gleichen Stoff. Die Kinder probieren immer wieder, ob sich die Stoffe auch wirklich gleich anfühlen. Anfänglich wählen sie große Unterschiede, in einem fortgeschrittenen Stadium wollen sie immer feinere Unterschiede, das heißt, sie erhöhen selbst den Schwierigkeitsgrad im Umgang mit dem Material. Wir können dann auch beobachten, daß ein Kind z. B. über seinen Mantelstoff streift und dann mit der Hand über den Mantel der Mutter und bemerkt, „He, das ist ein ganz anderer Stoff, meiner ist glatt und weich, deiner hat dicke Fäden und kratzt ein bißchen, das kann ich nämlich alles spüren. Man kann nicht nur mit den Augen Dinge unterscheiden. Manches läßt sich auch durch Spüren erkennen und sehen!"

Schlußwort

Montessori-Pädagogik und Montessori-Materialien haben eine nie endende Dynamik. Die Pädagogik Maria Montessoris ist nicht altmodisch, nur weil sie bereits im letzten Jahrhundert von Maria Montessori entwickelt und differenziert wurde. Montessori-Materialien sind so modern wie nie zuvor. Es gibt kein anderes Sprachmaterial, das Kindern so viele Lernmöglichkeiten und Lernfelder erschließt. Montessori-Materialien unterstützen entdeckendes Lernen, ermöglichen „learning by doing", verhelfen Kindern dazu, eigene elementare Erfahrungen zu machen, die sie anfänglich noch gar nicht verbalisieren können. Letzteres ist auch gar nicht notwendig, denn die Erfahrung verfestigt sich im Inneren des Kindes und wird dann in entsprechenden Situationen nutzbar gemacht. So besitzt jedes Kind eine Art Speicher mit Erfahrungen, eine „Registratur", wo Erlebnisse und konkrete Beobachtungen quasi aufbewahrt werden, damit sie im rechten Augenblick abgerufen werden können.

Daß Montessori-Materialien oft in Mißkredit geraten, liegt wohl daran, daß sie auf den ersten Blick sehr steril wirken. In einem Spielzeugladen werden sie sicherlich nicht den ersten Rang einnehmen. Ihre Vielfalt, ihren Wert und ihre Qualität erkennen Kinder wie Erwachsene erst, wenn sie damit arbeiten. Dann allerdings sind sie durch nichts zu übertreffen. Unverzichtbar sind auch eine bestimmte Ordnung und bestimmte Stufen beim Anbieten des Materials, bis hin zu der mehrfach erwähnten Drei-Stufen-Lektion. Wird ein Material nicht konkret eingeführt, und hat das Kind nicht die entsprechende Zeit und Möglichkeit für die individuelle Übung mit dem Material, dann kann der Umgang damit auch nicht gelingen.

Sollten Sie einen ersten Versuch mit Montessori-Material wagen wollen, so empfehle ich Ihnen einen Besuch in einem Malergeschäft. Dort können Sie für wenig Geld Sandpapier in verschiedenen Strukturen bekommen. Schneiden Sie es in kleine Quadrate und beginnen Sie mit den Tastübungen. Sie werden mit dem Auge die unterschiedliche Körnung wahrnehmen und das Auge später zur Fehlerkontrolle einsetzen können. Die eigentliche Übung aber konzentriert sich auf das Tasten. Mit den Fingerspitzen werden Sie die unterschiedliche Körnung wahrnehmen können, und sie wird für Ihr inneres Auge sichtbar. Beginnen Sie mit ganz grobem und ganz feinem Papier und steigern Sie die Abstufungen. Wenn Sie Freude am Umgang damit haben, so können Sie in der Familie weitere Materialien entwickeln, ohne gleich das gesamte Montessori-Material kaufen zu müssen. Aber Vorsicht, es ist kein Material, bei dem man sagen kann: „Komm, jetzt spielen wir Tasten", wie man es vielleicht bei einem Memory oder einem Kartenspiel den Kindern sagen würde. Kinder lernen mit den Materialien, sie lernen durch eigenes Tun und haben Freude daran, sie lernen aus eigenem inneren Antrieb, zweckfrei, und erst später wird ihnen bewußt, daß sie die gemachten Erfahrungen ganz konkret in ihren Lebensalltag umsetzen können.

Mein herzlicher Dank gilt Natalie (sie besucht die Grundschule), die sich als Fotomodell zur Verfügung gestellt hat. Es war sehr schön, mit ihr zu arbeiten. Die Montessori-Materialien waren ihr nicht bekannt, aber ihre Neugier war schnell geweckt. Nach Einführung und Übung mit einigen Materialien wollte sie immer mehr kennenlernen.

Sie bedauerte es sehr, daß sie im Kindergarten nicht mit solchen Materialien arbeiten konnte. „Diese Sachen, die machen einen richtig an. Man kriegt Lust, immer mehr damit zu spielen. Man findet auch selbst heraus, wie es geht, und keiner muß es einem sagen, wenn man was falsch gemacht hat. Man merkt es ganz von allein!"

Literatur

Böhm, Winfried (Hg.): Maria Montessori. Texte und Diskussionen, Bad Heilbronn (Klinkhardts pädagogische Quellentexte), 4. Aufl. 1990

Günnigmann, Manfred: Montessori-Pädagogik in Deutschland, Freiburg (Herder) 1979

Helmig, Helene: Montessori-Pädagogik, Freiburg (Herder) 1977

Montessori, Maria:
– Die Entdeckung des Kindes, Freiburg (Herder) 1979

– Dem Leben helfen, Freiburg (Herder) 1992

– Kinder lernen schöpferisch, Freiburg (Herder/Spektrum 4262) 1994

Oy, Clara Maria von: Montessori-Material zur Förderung des entwicklungsgestörten und des behinderten Kindes, Ravensburg (Otto Maier) 1978

Hrsg. Fuchs/Klima/Lautmann/Rammstedt/Wienold, Lexikon zur Soziologie, Opladen (Westdeutscher Verlag) 1978

Lernen macht Spaß

Ulrich Steenberg
Laß deinem Kind sein Geheimnis
Religiöse Erziehung nach Maria Montessori
Band 4651

In der Offenheit und Neugier der Kinder liegt die Chance für Eltern,
behutsam auf Fragen nach dem Wie, Wozu, Warum einzugehen. Ein Buch,
das zeigt, wie Kinder Urvertrauen in die Welt gewinnen.

Sabine Seyffert
Entspannte Kinder lernen besser
Vor dem Lernen erst den Streß beseitigen –
Übungen, Geschichten, Tips
Band 4637

Konzentrationsschwierigkeiten, Ängste, ungelöste Konflikte sind die
häufigsten Auslöser von Lernproblemen. Entspannungsübungen, die Spaß
machen und Kindern helfen, besser zu lernen.

Gerda Wichtmann
Kinder brauchen Orientierung
Ein praktischer Ratgeber nach Maria Montessori
Band 4608

Kinder brauchen Freiräume, aber auch feste Regeln, um sich gut zu entwickeln.
Viele Beispiele aus dem Erziehungsalltag zeigen, wie dies gelingen kann.

Maria Montessori
Wie Kinder zu Konzentration und Stille finden
Hrsg. von Ingeborg Becker-Textor
Band 4597

Elementar, tief und praktisch: Übungen, die Kindern helfen, sich zu konzentrieren
und die positive Wirkung der Stille zu erleben.

Christina Buchner
Kluge Kinder fallen nicht vom Himmel
Was Eltern alles tun können
Band 4573

Was zu welchem Zeitpunkt wichtig und richtig ist, zeigt Christina Buchner
an vielen praktischen Beispielen, Tips und Übungen.

HERDER / SPEKTRUM

Ingeborg Becker-Textor
Was in Kindern alles steckt
Begabungen entdecken und fördern –
Anleitungen nach Maria Montessori
Band 4561
Ein praktischer Ratgeber.

Heiner Barz
Kindgemäßes Lernen
Was die Waldorfschule anders macht
Band 4466
Kreatives Lernen, das den Kindern Freude macht: Der Erziehungswissenschaftler
und ausgebildete Waldorflehrer Heiner Barz erklärt das Konzept der Waldorfschule.

Maria Montessori
Lernen ohne Druck
Schöpferisches Lernen in Familie und Schule
Band 4371
Ein Buch, das zeigt, wie Kinder selbst entscheiden und gut vorankommen können.

Edith-Maria Soremba
Legasthenie muß kein Schicksal sein
Was Eltern tun können, um ihren Kindern zu helfen
Band 4350
Schreib- und Leseschwächen sind häufig die Ursache für Versagen in der
Schule. Hier wird gezeigt, wie man das angeschlagene Selbstbewußtsein des
Kindes aufbauen kann, damit es wieder Spaß am Lernen gewinnt.

Maria Montessori
Kinder lernen schöpferisch
Die Grundgedanken für den Erziehungsalltag mit Kleinkindern
Band 4262
Vom Kind aus denken! Dieser Ansatz der Pädagogin und Begründerin der
Montessori-Schule hilft Eltern, Kinder als eigenständige Individuen zu fördern.

HERDER / SPEKTRUM